# 品格優勢

## 成就孩子「王者之力」，從容應對未來的競爭與機遇

中國正向心理學之父、清華大學心理學系主任
**彭凱平** 著

清華大學幸福科技實驗室學習中心副主任
**閆　偉** 著

【序言】

# 積極的孩子掌控自己的人生

一個秋天的深夜，我突然接到北京一所大學心理中心老師的電話。他焦急萬分地告訴我，就在不久前，有一個學生企圖自殺，幸虧被同學及時發現並制止。班主任在學生的筆記本上發現了我的名字和電話號碼，所以決定聯繫我，看我能不能為這個學生提供一些幫助。

他告訴我，他知道我是清華大學心理系主任，也知道我從事正向心理學的教學和研究，雖然不認識我，也沒上過我的課，但覺得正向心理學也許能幫助他解決自己的問題。

我問他到底出了什麼問題，要走到自殺這一步？孩子告訴我，他一直想做個好孩子，聽媽媽的話、努力學習，現在終於考上了重點大學，可是他並不喜歡媽媽讓他學的科系。他一直想學習哲學或者心理學，但周圍的人都覺得，讀文科以後不好找工作，媽媽希望他可以學理科，他就選擇了一個自己根本不喜歡、但大家都覺得很「高大上」的專業。然而在學習過程中，他越學越苦悶，最後實在是熬不下去了，想要永遠擺脫外力強加給自己的「理想」。

如果孩子的父母知道是這樣的原因導致孩子輕生，不知會做何感想。

後來，我見到了孩子的媽媽，跟她溝通了孩子成長中的一些經歷。媽媽堅持認爲：「嚴格的要求、做社會需要你做的事，不就是教育的眞正目的嗎？教育難道不是培養孩子的各種學習技能，考上好大學、找到好工作嗎？」當這位媽媽聽我說到正向心理學所提倡的正向教養後，更是嗤之以鼻，甚至狹隘地認爲所謂正向教養就是讓孩子傻樂，將來一事無成。

事實上，類似這樣的教育模式在我們身邊十分普遍。有多少孩子，做的都是父母讓他們做的事，學的是父母看好的專業，幾乎所有努力都是爲了取悅他人。甚至在社會上，也有一種根深蒂固的文化對此推崇備至。

他們的教育理念已不再是「笨鳥先飛」，而是「是不是隻鳥，都要先飛」。這種教育價值觀左右了很多家庭的價值取向，把孩子推向了高壓狀態。但這眞的是爲孩子好嗎？眞的是孩子需要的嗎？這種方式教育出來的孩子，眞的是我們希望培養的嗎？

## 我們該如何愛孩子

我們的教育到底出了什麼問題？難道我們不能發展一種讓孩子開心、讓家長滿意、讓教師這個職業更加令人嚮往和尊重的教育嗎？我們的教育爲什麼一定要與痛苦爲伴？爲什麼不能讓教育更積極、更幸福？

正向教養可以實現這一目標。

正向教養是通過關注人心中的善良天性、人類社會的正能量，以及我們共同具備的靈性、悟性、善意和德行等，對孩子進行積極、正向的教育。

正向心理學家相信，每個人身上都有美好、善良的種子，而正向心理學家所研究和探索的，就是怎樣發現並培育這些美好的特質，最終讓每個人都能過上幸福而有意義的人生。

幸福、有意義的人生是正向教養的結果，正向教養要比現在所謂的「心靈雞湯」、快樂教育等更重要，也更有意義。

我是一個長期在講臺上與學生們探索什麼是眞正的幸福、什麼是科學發展觀、什麼是正向心理、什麼造就了文化差異等專題的教師。爲師者的使命是傳道、授業、解惑，這麼多年來，我一直在思考如何更加圓滿地完成這一使命。

事實上，要解決知識與技術層面上的困惑並不難，眞正的困惑往往源自生命的意義、個體的成就感與投入之間的比例，以及變化無常的情緒和複雜的人際關係方面的困擾。

這些困擾雖然看不見、摸不著，卻實實在在地影響著一個人眞實的幸福與未來的發展。而我的使命就是將這些曾經那麼不可捉摸，又「讓我歡喜讓我憂」的體驗，變成可以被人們證明與計量的科學結論。

## 用正向教養培養孩子的品格

二〇一六年七月十八日，首屆世界正向教養聯盟成立大會在美國達拉斯市召開。來自四十多個國家、近千名專家學者和教育工作者圍繞「正向教養」這個「決定因素」進行了深入探討和交流，以推動正向心理學和幸福科學在家庭、學校和社會的廣泛應用。

回顧這段經歷，我們由衷地感受到正向教養作爲一種新的教育思潮已經開始在全球流行起來。從八〇年代起，全球範圍內興起了以正向心理學、認知科學、文化科學爲理論基礎的正向教養實踐運動。

正向教養的研究者們認爲，以往人們較多地關注智商和情商對個人成長的影響，而在很大程度上忽略了對於諸多人格特質與積極天性的保護和培養。許多專家與學術機構經過多年觀察和分析後發現，眞正決定孩子成功的最重要的因素不是天賦，也不是知識，而是教育能否幫助孩子培養以「品格優勢與美德」爲核心的積極天性、全面而健康地發展。

這些積極天性的特質包括審美力、自控力、好奇心、共情力、創造力、專注力、責任感、勇氣以及自信心等一系列與善意、高尚人格相關的要素。對這些品格與積極天性的保護與培養，正是國際社會所共同提倡的正向教養的重要內容。

## 用正向教養成就孩子的幸福人生

目前，世界很多國家都將正向教養作爲教育改革和提升國民幸福指數的重要途徑。澳洲是國際上最先宣導正向教養的國家，英國、美國、法國、德國、義大利、西班牙、南非、摩洛哥、日本、韓國和北歐國家也都在推廣正向教養，並且進行了大力探索。

在世界經濟論壇「全球競爭力指數」與聯合國「幸福國家指數」的評價標準裡，

教育指數占有相當高的權重，而正向教養所宣導的健康、和諧、創新、善意、科學的教育理念，更是在教育指數指標體系裡占有極大的比重。

正向教養爲何會受到世界各國如此追捧？其根本原因就在於正向教養是把人的幸福創建作爲一種信仰的教育，更是一種可以把幸福與心靈經由科學實證進行量化與展現的教育。

正向教養是得到全球公認的品格優勢與美德的教育，是造就世界公民新的教育思想的教育，更是打破了民族與國界之間的藩籬，建立起世界文化與社會治理交流與學習的舞臺。

正向教養是科學的教育，是人類進入智慧時代與無邊界時代更具有生命力的、嚴謹而實證的教育。

正向教養是面向未來的教育，是使人類更具有創造力、審美力、同理心，更關注心流與生命意義的教育。

近年來，社會也越來越關注教育中的心理輔導，大量的教育機構把加強學生的心理健康建設、正向心理建設納入越來越重要的工作目標體系。清華大學的正向教養科研團隊也在多個地方開展科研與教育輔導工作，並取得了良好成效。

以上這一切都表明，正向教養已經進入我們的生活。而在不遠的將來，它將擁有更加蓬勃的生命力，幫助萬千家庭走出習得性無助，走上一條更加美好與幸福的人生之路。

CONTENTS 目錄

## 第三章 心理韌性，給孩子一顆強大的心臟

# CONTENTS 目錄

## 第五章 自控力，讓孩子學會為自己的人生負責

## 第六章
# 天賦優勢，激發孩子的內在潛能

CONTENTS 目錄

CONTENTS 目錄

第一章

# 正向教養，孩子幸福人生的藍本

在大多數父母的觀念中，正向教養就是快樂教育，正向心理學就是「心靈雞湯」。

但實際上，正向心理學所提倡的正向教養並不是簡單的快樂教育。

快樂教育多半指的是在教育中用某些讓人高興、快樂的方式，創建一種其樂融融的快樂氛圍，但正向的含義則比快樂豐富得多，其內涵也遠遠大於快樂教育的範疇。

# 什麼是正向心理學

要了解什麼是正向教養，首先就要了解什麼是正向心理學。在解釋這個概念前，我先跟大家分享一個小故事：

有兩個人分別走在沙漠裡，並且都迷路了，隨身帶的水也喝完了，隨時可能會因爲乾渴而失去生命。

這時，第一個人在一個沙坑裡發現了一個瓶子，裡面還有半瓶水。他很興奮，就把這半瓶水小心翼翼地揣到懷裡，實在口渴時才拿出來舔舔瓶口。靠著這半瓶水，他走出了沙漠。

第二個人也在沙漠的一處廢墟中發現了半瓶水。他卻非常失望和沮喪：「這麼點水怎麼能讓我走出沙漠呢？」他氣得詛咒那個喝了另外半瓶水的人，爲什麼不能少喝幾口，多留下一些水給自己？怨恨和絕望使他幾乎喪失了走出沙漠的力氣，結局可想而知。

同樣是在危急時刻發現了半瓶水，第一個人看到的是這半瓶水帶給自己的希望，而第二個人看到的卻是絕望。

如果是你，會怎樣看待這半瓶水？

人們對世界本來就有著不同的看法，這充分體現了個體的差異性。即便是在完全相同的環境中成長起來的兩個人，也會在生活習慣、行爲模式與認知方式等各有不同。

人們對世界產生不同的看法，並形成不同的觀點本無可厚非，但像故事中所反映出的、完全相反的看法和想法——積極或消極，則是我們一定要深入思考的。

心理學上很多的科學實驗已經爲此提供了大量證據：積極的人身體更健康、壽命更長、學業更出色、收入更高；積極的家庭關係更融洽、孩子成才率更高；長期處於消極狀態中的人則很有可能諸事不順。

爲了讓大家能更好地理解正向教養的心理科學基礎——正向心理學，我先簡單地把上面故事中積極的人稱爲「樂觀者」，把消極的人稱爲「悲觀者」。

樂觀者與悲觀者在面對困境時所表現出來的截然不同的態度，到底是天生的，還是後天養成的？樂觀與悲觀對他們的人生、未來，或安全感、幸福感與獲得感會產生哪些影響呢？

這些問題，就與我接下來要談到的正向心理學有關了。

## 被誤解的正向心理學

說起正向心理學，很多人可能認爲只有那些有一定的心理問題，或是心態特別消極的人才需要去接觸，對於我們大部分心理健康的人來說，根本不需要去學習它。

事實上，心理學自從確立了獨立地位之後，就面臨著三個重要的使命：治療人的精神或心理疾病；幫助人們生活得更加充實、更加幸福；發現並培養具有非凡才能的人。

現代心理學從產生至今只有一百多年的歷史。以一八七九年威廉．馮德（Wilhelm Wundt）在萊比錫大學創建的第一個現代意義的心理學實驗室爲開端，現代科學心理學才正式走進人們的生活。

我們不僅要意識到如何面對消極，更要意識到如何掌控積極。關於這點，《更快樂》的作者塔爾．班夏哈（Tal Ben Shahar）博士也多次強調，在過去幾十年中，心理學家探討了很多負面的心理問題，對有關抑鬱、恐懼、自卑等消極人格特徵的研究要遠遠多於對快樂、希望、責任、幸福等積極人格特徵的研究。

但後來心理學家慢慢意識到，即使他們幫助一些人消除了人格中存在的消極方面的問題，如果這些人本身缺乏積極的力量，或者說其本身所具有的積極力量不足，那麼他們依然難以成爲一個樂觀、幸福和自我實現的人。

在這種強烈的對人類優勢效能進行討論的影響下，越來越多的心理學家開始關注積極心理對人的影響。早在一九五四年，人本主義大師、著名心理學家亞伯拉罕．馬斯洛（Abraham Harold Maslow）就提出了一個觀點，認爲早期的心理學關注了太多的人類心理問題，研究了太多有心理疾病的人的案例，卻忽視了那些健康、優秀、成功之人的心理活動。

所以從那時起，以馬斯洛爲代表，爲數不多的心理學家就開始研究健康人的心理狀態、行爲方式與行動結果。只不過當時對於大部分心理學家來說，對人類的心理問題與消極的解釋占據了主流地位，積極心理還沒有得到普遍的重視。

一九九八年，在美國心理學會主席的就職演說上，新當選爲主席的馬汀．塞里格曼（Martin Seligman）正式提出將「正向心理學」作爲一門專門的心理學學科的理念。

他認爲心理學在過去更多地關注人類消極負面的方面，相當於把一個負六的人的心理狀態提升到負二；而正向心理學則更加關注人類的品格優勢與美德，致力於把一個正二的人的心理狀態提升到正六。

在這種思想的感召下，此後的二十多年，在塞利格曼與其他心理學家的號召下，人們開始大力宣導正向心理學並且進行了積極探索。正向心理學作爲心理學的一個新的領域開始迅速發展起來。

今天，正向心理學已經不折不扣地成爲當代心理學的一個重要分支，說明並激勵了無數人擁抱絢爛的生命，塞利格曼也因此被尊稱爲「正向心理學之父」。

在塞利格曼等心理學家看來，正向心理學所研究的問題主要包括下面三類：

第一，積極的主觀體驗，包括愉快、感恩、成就、愛、幸福等。

第二，積極的個人特質，包括天賦、個性力量、興趣、價值、自我實現等。

第三，積極的環境機構，包括家庭、學校、社區、整個社會等。

同時，還有一位正向心理學的重要奠基人克里斯・彼德森（Christopher Peterson）在總結正向心理學時，也指出：「正向心理學是一門研究生命從開始到結束的各個階段的學科，它著重研究那些讓生命更有價值和更有意義的內容。它旨在回答一個問題，即如果我們不想揮霍生命，我們該做些什麼。」

## ❶正向心理學是一門科學，不是「心靈雞湯」

很多家長都認爲正向心理學就是一種「心靈雞湯」，這是對正向心理學的極大誤解。

正向心理學並不是一種橫空出世的學問，而是在心理學這門學科一百多年探索的積累基礎上產生的一個新的思路、新的角度和新的方向。而且在研究過程中，正向心理學與其他心理學的研究方法相同，要改變的只是我們的研究角度和研究方向。

所以，我們既然承認心理學是一門科學，那麼正向心理學同樣也是一門科學，而不是那些所謂「雞湯」。儘管正向心理學的著作與講授必然會有文學成分與情感輸出，但對於一門科學的普及來講，這些都是必要的。不能因爲正向心理學中的這些情感輸出與那些「心靈雞湯」給人某些相似之感，就武斷地定義正向心理學屬於「心靈雞湯」。

## ❷正向心理學有證據、有邏輯、有調查

二〇一六年，心理學家通過調查發現，人類的憂鬱症竟然可以找到遺傳的DNA的標誌，這說明正向心理學其實是有生物學基礎的。

它有自己的神經通道反應，有行爲的體驗，也有一定的社會價值。從這個角度來說，正向心理學不是虛無的，而是一門眞實存在、極有價值的學科。

## ❸正向心理學是不斷變化、不斷發展的學問

正向心理學雖然還比較年輕，直到二〇〇〇年這門學科才正式誕生，但它是在不斷變化、不斷發展的，幾乎每年、每個月都有新的研究戰果出現。

相比之下，「心靈雞湯」就不具備這些特點。它通常是一種似是而非的感覺，一種自以爲是的經驗，是經不起邏輯推敲的。所以它既不是科學，也不能用科學的方法和實驗來證明。

國際正向心理學協會現任主席、美國北卡羅萊納大學的芭芭拉·佛列德里克森（Barbara Fredrickson）曾提出一個「正向情緒的拓展—構建理論」，認爲積極的

情緒能幫助我們建立長期的生理資源、心理資源、認知資源和社會資源等。其中，生理資源通常指運動、鍛鍊身體等活動。

研究發現，當我們情緒積極時，就容易拓展這一資源。比如當你感到開心時，會覺得走路都特別有力；當你感覺很鬱悶時，一定是步履維艱，這就是正向情緒對我們的生理資源產生的影響。它可以促使我們去活動、去鍛鍊、去充分地利用自己的力量。

同樣，正向情緒還能拓展我們的社會資源，幫助我們建立更好的人際關係。比如當你心情愉快時，你就願意與人見面、聊天、交往，並且溝通的氣氛也會很融洽；當情緒不佳時，你可能只想待在家裡，電話不想接、人也不想見。長期如此，怎麼能有好的人際關係和社會資源呢？

此外，認知資源、心理資源的拓展等也與積極的心態和情緒息息相關。情緒好時，我們思考問題也會更積極，思維也會更有創意，更加發散。哈佛大學心理學家泰瑞莎·艾默伯（Teresa Amabile）曾研究人類的創造力二十餘年，追蹤了一些特別有創造精神的人，如諾貝爾獎得主等，目的是弄清這些人與其他人到底有什麼區別。

結果發現，這些人與其他人除了學歷和智商有一些差別之外，更突出的是他們在做出重要貢獻時，往往都是在他們特別積極快樂的時候。

二〇〇六年，諾貝爾經濟學獎得主埃德蒙．費爾普斯（Edmund Phelps）還曾提出一個觀點，認為很多富人致富的祕密並不完全來自他們的運氣和努力。無論是一個人、一個家庭，還是一個單位、一個社區，能夠積累大量財富的主要原因，都在於參與其中的人具有一種積極陽光的心態。

當他們帶著積極、樂觀的心態去做事時，自然就會事半功倍。有些人可能會反駁這個觀點，曾經有人跟我說：「彭老師，你總說積極的心態出成就，可歷史上明明有很多憤怒出成就的事件呀，比如憤怒造就了杜甫這樣的大詩人。」

其實這只是一種主觀判斷，或者說是一種杜撰，缺乏科學依據。現在根本沒有任何心理學證據證明憤怒的情緒能造就詩人。

拿杜甫來說，他也是一個心態積極的人，並且他不是因為憤怒才寫出偉大的詩篇的，而是因為偉大才會為一些人和事感到憤怒。杜甫說過很多非常積極的話，比如「讀書破萬卷，下筆如有神」，說的不是別人，正是他自己。

所以，正向心理學其實是以科學的方法來研究人類積極心理的力量、積極的認知習慣與積極的行為方式。

這些積極的原理包括在人類的美德、意義、審美、創新、超越、活力、善良、坦誠、開放、感恩、寬容、愛與慈悲等一系列品格要素之中。正向心理學就是通過這樣的科學研究，試圖揭示人類那些卓越的積極天性是如何成就人生與美好社會、美好生活的科學機制，從而說明個人、家庭、組織和社會持續繁榮興旺、快樂幸福的。它所研究的主要物件也並非那些有心理疾病的人，而是那些心理正常且十分優秀、成功、善良的人。

如果說傳統的所謂「消極心理學」（學術上沒有「消極心理學」這一說法，這裡特此說明）面對的是人類中那一小部分遭受心理疾病困擾、需要幫助的人群，那麼正向心理學則把精力更多地放在更大的群體，即普羅大眾身上。

正向心理學家一直強調，積極的心理狀態除了沒有心理疾病外，還應該具有高於「無病」水準的展現充沛活力的心理狀態，包括積極的情緒、投入式的體驗、親社會行爲、對人生價值與意義的追求，以及良好的人際與親密關係等。

其核心思想是希望人們知道，是什麼讓一些人在跌倒多次後，仍然有意願、有勇氣、有能力爬起來；是什麼促使一些人能不斷地戰勝生活中的種種困難與挑戰、痛苦與艱辛，並最終擁有豐盛而燦爛的人生；是什麼讓他們哪怕只是平凡的普通人，卻隨時擁有「內聖外王」的偉大情懷，成就更好的自己。

這才是正向心理學的眞正內涵所在。

# 正向教養培養品格優勢

正向教養是建立在正向心理學科學理論基礎上的教育理念和實踐。它首先聚焦於正向心理學的研究成果，然後將這些前沿的科學研究成果運用到教育。因此，它是一個與心理科學緊密相連的教育科學領域。

心理學是一門眞實的科學，正向教養也屬於科學的教育範疇，且理念十分嚴肅，所以談正向教養就離不開科學觀念。

## 什麼是科學

一八七九年，被譽爲心理學實驗之父的德國心理學家威廉·馮德博士在創建世界上第一個心理學實驗室時，曾提出現代心理學應從事那些與人的行爲與認知有關的基本規律的基礎性研究，而不要進行具體應用或心理疾病干預的過度參與。心理科學的價値要通過發現那些具備普適性、規律性的本質揭示，爲社會提供堅定的理論依據與科學實驗證明。

所謂科學，其實就是人們對世界萬物進行理性度量的一種可靠方式。度量什麼？度量事物的本質與規律。用什麼方式度量？實證與實驗。怎樣確定度量的結果是可信與眞實的？就是這些實驗與證據可以經由不同的人、不同的環境測試而得出一樣的結論。

科學本來就是一個對事物本質與規律證實與證僞的過程，比如對「所有的天鵝都是白色的」這句話進行科學研究，無非有以下幾種基本的方式。

第一種方式，實地找出全世界所有存在過與存在著的天鵝，看看是不是都是白色的。如果是，說明這句話是對的；如果不是，說明這句話是錯的。

這是一種典型的普遍實證，但事實根本行不通，因爲沒有人能研究所有存在過與存在著的天鵝，但這種方式卻代表了一種科學的「證實」態度。

第二種方式，就是在見到的天鵝中找出是否有不是白色的。如果有，說明這個結論是錯誤的；如果沒發現，就意味著這句話暫時正確（注意，這裡提到的「暫時正確」對於科學研究來說極爲重要。歷史上很多科學結論都屬於暫時正確或者是特定條件下正確）。

我們可以稱這種方式爲「證僞」，也就是不需要走遍世界各地、找出所有的天鵝，只要發現一隻不是白色的天鵝就可以了。

事實上，科學的歷程就是在不斷「證實」與「證僞」中發現事物本質的歷程。而眞正的科學精神並不是爲了具體的某種用途，而是爲了更加清楚事物的本質與規律。將科學研究得出的結論進行應用並不是它本來的任務，那是屬於科技的任務。因此，正確的科學態度是非功利性的。

## 正向心理學 vs. 正向教養

從這個意義上來看，正向心理學與正向教養的關係，我們就能更加清楚地理解正向教養的屬性。

首先，正向心理學是一門科學，是通過研究人類積極的生命要素來揭示人類積極向上的本質、規律與意義。而將正向心理學的科研成就應用於教育，就是正向教養，這代表正向教養本身就屬於「應用範疇」。

其次，正向教養也需要以科學爲依據。當然，正向心理學是正向教養十分重要的科學基礎之一。因爲教育總是面向人的發展，而心理學也是面向人的發展本質與規律的研究，所以正向教養也必然能體現正向心理學關於人在積極與優勢方面進行發展的本質與規律的研究成果。

大量研究表明，正向的教育方式不僅對改善處於成長階段的兒童的心理狀態有著良好的發展推動作用，對於已經發育成熟的成年人也有很大的幫助，在終身教育與成長性學習與發展方面的意義和影響更爲巨大。

就兒童來說，在他們的成長過程中，如果他們的父母與教師能以科學的認知，用符合科學原理的教育方式對他們進行積極的引導與鼓勵，那麼對於孩子的身心健康、品格養成、天賦發揮、人生價值觀建立以及對幸福的感知等，都會產生無與倫比的正向影響力。

而對成人來說，如果身邊的領導、同事、家人、朋友也能以科學而積極的方式進行交流溝通與協作，這樣的人生也有更大的概率實現更加美好的人生追求與生活品質。

當然，也會有些人對上面的說法不以爲然，事實上，我和同事、學生在進行正向心理學傳播的過程中，總能聽到那些將正向心理學當成「心靈雞湯」，把正向教養視同快樂教育的聲音。

這種不認同雖然也會讓我們有些哭笑不得，或者產生某種挫敗感，但靜下心來思考，這種現象的確是正向心理科學原理的普及與正向教養在具體應用中所面臨的現實挑戰。

正向心理學對於很多人來說仍然是一個新的詞語，人們對「心理學就是治療心理疾病」的習慣性認知根深蒂固，並且「經驗才是老大」的傳統教育觀念導致的對教育科學的淡漠比比皆是。

幾年前，我曾作爲心理學家受邀參加一個教育論壇，並應組織者要求就正向心理學對於教育產生的影響進行發言。

這時，一位學者突然打斷我的話，很不客氣地對我說：「彭老師，我覺得你說的正向心理學根本就是一套套的『心靈雞湯』，你說的正向教養說來說去不就是快樂教育嗎？我是搞教育的，並且搞了很多年。我可以負責地說，你說的這種快樂教育在眞正的教育中根本行不通，也不實用！」

他又說道：「你認爲在教育中應加入正向心理學，要對孩子進行正向教養，其實就是讓孩子無所作爲，每天只要快樂就行了。其結果只會讓孩子喪失進取的動力。我們還是應該沿用『老祖宗』的做法，棍棒之下出孝子，嚴格教育出人才！」

「似曾相識啊！」我當時腦子裡冒出來的就是這樣一句話。

我是一名心理學家，同時也是一位教師。作爲一名科研工作者，我要不斷研究人類心理的種種表現；另一方面，作爲一位教師，我也承擔著教學育人、傳道授業解惑的責任。

我知道在教育中充滿著辯證，對學生嚴格要求沒錯，關鍵是嚴格要求並不等於苛刻與責難，嚴格要求也並不與積極、幸福、快樂、自由相衝突。更關鍵的是，我們不能一直把一種簡單粗暴的教育方式作爲無上法則，不能因懶惰和無知而排斥一種更爲高級的教育藝術。

的確，無論是父母還是老師，對孩子最簡單直接的教育方式就是模仿軍隊內部的管理模式。這在某種程度上的確很有效，但建立軍隊的目的是打贏特定的戰爭，而教育的目的是每個人的成長與發展。

教育不應該讓孩子覺得這個世界就是你死我活的殘酷競爭，而是萬物生長。在治學與講學中，類似於這位學者的態度與說法，我接觸得太多了。每次聽到這樣貌似充滿「正義感」與「責任感」，實際上卻完全缺乏基本科學常識與科學態度的言論時，我都會感到深深的惆悵。

第一，我們眞的了解對方在說什麼嗎？

第二，我們眞的了解對方說的是什麼嗎？

第三，我們在評論時，究竟是在接納中審辨，還是在否定中批判呢？

哪一種才是科學的態度？我們姑且不論這位學者的言論到底有幾分道理，僅在對教育進行科學討論的態度這方面就值得商榷。

科學的精神是對任何事物都進行理性的求證、求實、求眞，就像我們不能聽到一個自己沒有理解或不認同的事物後，馬上就做出沒有根據的反對結論與否定一樣。

## 回歸至善至理

關於「棍棒之下出孝子」這種根植於很多人心中的觀念來源，我們在這裡不做探討，但科學研究的結果多次證明，經常被打罵、否定、無端束縛的孩子，其大腦的確比處於愉悅、快樂、愛、自由、開放環境下的孩子的大腦產生器質性損傷的概率更大。

而擁有這樣「消極大腦」的孩子，在同理心、理性、智慧、審美、創造力、參與性、親社會性等方面，都會受到很大的負面影響。長期處於這種狀態下的孩子，往往會伴有以下症狀：

- 做噩夢、怕黑、缺乏安全感，有分離焦慮、黏人、不願意離開父母；
- 過度的驚嚇反應、高度警惕；
- 注意力障礙、睡眠障礙、刻意逃避任何跟災難有關的事物、對聲音過度敏感；
- 消極、緊張、憂鬱、憤怒、焦躁、易生氣；有罪惡感；
- 語言表達困難、注意力與記憶困難。

除此之外，嚴重時還會導致創傷後壓力症候群（PTSD）。一旦產生PTSD症狀，不同年齡段的孩子會出現不同的症狀：

- 學前兒童會出現急躁、呆滯、睡眠障礙與畏懼夜晚、發展退化、黏人等狀況；
- 學齡兒童則是拒絕上學、在家或學校出現攻擊行爲、在同伴中退縮，同時還伴有注意力下降、成績下降、胃痛、頭痛等症狀；

・前青少年期與青少年期的反應是有自我傷害行爲、自殺念頭、問題行爲、分離症狀、喪失現實感、濫用藥物等。

這些兒童期的嚴重創傷，往往會在長大成人後表現爲心理問題，比如焦慮、憂鬱、解離、邊緣型人格障礙、多重人格障礙等精神症狀，從而引起人格的改變。有些人還會沉溺於濫用成癮物質，比如酗酒、吸毒或者沉溺網路，有攻擊性行爲、自傷或自殺行爲。

今天社會上出現的很多惡性事件，很大程度上都與這種「棍棒之下出孝子」的傳統錯誤觀念有關。正向心理學家的科學研究已經證明，棍棒下面不一定會出孝子，但一定會出心理叛逆的孩子。

如果父母或教師無法理解什麼是科學的教育態度，那麼就意味著可能會發生兩種悲劇，一是孩子處於一種不正確的教育氛圍下，而產生長期壓抑與習得性無助，以及其他極端的狀況，就像前文那位輕生的學生一樣；另一種就是長期處於一種不正確教育觀念下的成年人的無知與傲慢，正如我見到的那位母親，對自己的錯誤視而不見卻振振有詞的狀況。

這兩種情況如果同時存在，教育就不再是通向尋找幸福、自由、眞理的坦途，而成爲一條遍布無知、狂躁、壓抑與無助感的荊棘之路。

我們非常需要爲教育重新建立一種科學的態度與尊重的模式，而不是所謂教育經驗與感覺；我們也需要爲我們的時代提供一種新的教育認知，它有別於傳統農耕社會與固態社會中要求所謂安分守己與服從，卻泯然眾人式的「聽話、懂事」來掩蓋的蒼涼。

我希望我們的教育體系、教師和家長是懂科學、用科學的，而不是「迷信」與「專橫」的。

我更希望我們的孩子能在積極的社會、學習與生活氛圍中充分釋放他們積極的天性，找到屬於他們自己的成才之道。

# 父母之道：賦予孩子獲得幸福的能力

讓每個孩子都擁有幸福的人生，這是天下所有父母的心願。

可是很多父母都不清楚，究竟哪些因素決定了孩子的內心感受；是什麼能眞正讓孩子體會到幸福和快樂；爲什麼自己竭盡全力爲孩子創造富足的生活，卻仍然擋不住孩子的叛逆、衝動、不聽話、不好好學習，甚至動不動就離家出走，哭著喊著鬧自殺。

據世界衛生組織統計，每年大約會有二十二萬中國人因心理問題、生活壓力、自我傷害等遭受痛苦。這或許是我們所面臨的最大傷害。而更令我們痛心的是，越來越多的孩子用各種方式傷害自己。

有關統計資料表明，目前中國兒童心理問題的發病率爲一二至一六％，患有心理疾病的兒童大約占二％。更糟糕的是，這一資料在全世界都不樂觀，每年甚至有將近一百萬人死於心理疾病，這比任何戰爭給人類造成的危害都大。

以上這些現象都在提醒父母們，在孩子成長的過程中，必須關注孩子的心理健康問題，建立良好的親子關係，讓孩子在一種積極、健康、樂觀的環境下長大，擁有獲得幸福的能力。

## 幸福的孩子更出色

事實上，僅是從人類或者人類社會的發展角度來看，所謂的成績遠遠比不上幸福對人生的意義。更爲關鍵的是，那些活在眞實、自由、幸福中的孩子，他們的成績往往更加出色。

近幾年，我的一位研究助理每年都會對新入校的清華學子進行隨機採訪，並且和之前採訪過的清華畢業生進行比對，調查結果十分有意思。

他發現，大部分清華的優秀學生與優秀的畢業生在被問到他們當年高考的狀態時，都不是那種「頭懸梁，錐刺股」，學得天昏地暗、悲從中來。

相反，這些優秀的學子在高考前相當放鬆與自信，並兼顧著自己認爲有意義的社會活動或興趣愛好。也就是說，他們的心態很放鬆，學習態度很積極，對知識的系統性與規律性有著清晰的把握，「樂此不疲，漫卷詩書喜欲狂」。

這就是我提到的一種積極投入狀態下的心花怒放與物我兩忘，其結果是駕輕就熟、揮灑自如。

由此我們可以看到，那些真正擁有大智慧與大幸福的人，才能夠掌握自己的生活，實現偉大夢想。相反，那些在壓抑、鬱悶、封閉、無力狀態下緣木求魚的人，更容易遭遇人生的冰河而無法自拔。

幸運的是，今天我們有了正向心理學與正向教養。

正向教養恰恰是運用幸福的科學擁抱幸福的教育，實現超越理想的教育科學。正向教養從來與好的成績不衝突，科學實證已經表明，正向教養會極大地促進個體的全面發展，包括學習成績、創造力、同理心等，點燃了孩子學習生活的活力，讓他們的學習和生活充滿了動力與朝氣。

正向教養會帶給孩子巨大的幸福感與意義感，這個過程將從內到外地造就一個全面發展的孩子。而擁有優秀的品格、優秀的成績、多元的愛好與親近社會的能力將會使孩子更有能力把握住機會，取得超出預期的成就。

# 父母學習正向心理學的意義

對於父母來說，學習正向心理學，對孩子進行正向教養，無論是對於自身的完善還是對於孩子的成長，都有著積極的意義和價值，我認爲主要有以下三點：

## ❶父母要成為最好的自己

孩子周圍的重要人物，是他成長環境中的重要因素，也是對他影響最深的。父母的一言一行、一舉一動，乃至一絲一毫的情緒變化，都會被孩子看在眼中，時時刻刻地影響著孩子。

從正向心理學的角度來說，父母喜歡什麼，擅長什麼，怎樣爲人處世，都會影響孩子的選擇傾向。比如在文學、藝術及各種體育活動中，孩子就能從父母身上看到什麼叫投入、專注和熱愛，自己也會自然而然地向這些活動靠近，並且願意投入足夠的專注力去挑戰，發現樂趣。

所以，父母的行爲狀態就是孩子的成長環境中最關鍵的因素。父母心態陽光、積極、樂觀，做事專注、認眞、負責，對自己當下的生活感到滿意、幸福，孩子就能從父母身上看到和感知到這些狀態，繼而自己也向著父母的狀態發展。

## ❷孩子的心理健康需要父母的關注

如今社會壓力增加、就業形勢嚴峻等因素，都在影響著社會上的各個階層，而孩子正處於心理敏感和獨立意識增強、人格要求獨立的階段，心中有很多的困惑。在這種情況下，父母必須時刻關注和重視孩子的心理健康問題。

有一次，一位高三學生家長找到我，說孩子突然不願意上學了，後來我了解到，這個學生原本十分出色，不僅成績一直名列前茅，還是班長。他不願意去學校，只是因爲一位老師在談論畢卡索的畫作時，有些調侃地說：「畢卡索的畫沒什麼了不起，連小孩子都能畫出來。」當時班裡很多學生也附和這位老師。

這個學生覺得老師不尊重畫家，不尊重歷史，更是不尊重自己的教學工作，這讓他十分憤怒。同時，他也爲那些跟著起鬨的同學感到深深的悲傷。可是，當他和老師、同學們說這個事情時，大家都覺得他很無聊、很奇怪，認爲小題大做、沒事找事。回到家後，他又把自己的想法跟媽媽說了，沒想到媽媽也不理解他。

後來，我看過這個學生的作文。他對世界有自己獨特的看法，非常優秀。同時我還了解到，這個孩子在單親家庭中長大，一直以來，母親都有一種危機感與壓力感，所以從小到大一直對他十分嚴厲，母親幾乎從未跟孩子深入地談過心，孩子做什麼都要遵照母親的安排與要求。在這種成長環境下，一個原本很出色且有同理心的孩子，卻逐漸走向了消極與負面。

這些本來不該出現的悲劇幾乎每天都在現實生活中上演，關鍵原因就在於父母對孩子的不了解、不關注。

## ❸家庭教育必須與時俱進

作爲孩子人生的第一任導師，父母必須能夠準確地把握時代特徵，無論是觀念還是行動，都要跟上時代的腳步，從而做出一些相應的改變。

我們經常聽到一些與當今時代不同的聲音：「我們小時候，父母都不怎麼管我們，我們也順利長大了。」「我們小時候哪有那麼多事？犯了錯，父母揍一頓，轉眼就忘了。現在的孩子，動不動就有心理問題！」經常說這些話的父母往往忽視了時代的變化。

資訊時代的到來，讓孩子們在很小的時候就踏上了資訊的高速公路。在這條「公路」上，每天都有潮水般的資訊湧來。

好的資訊可能會讓孩子接觸到更多的新知識，看到更廣闊的世界；不好的資訊就會影響孩子的身心健康，比如賭博、吸毒、校園暴力等。

時代不同了，孩子面臨的環境不同了，我們看待問題的觀點和教育孩子的方式也必須與時俱進。

孩子是上天賜予我們的最偉大的恩典，同時也是我們最好的「原材料」。作爲生產線上的技術人員，父母該怎樣做，才能讓這件「產品」更優秀、更出色呢？最好的方法就是技術人員不斷地提升自己的技術和素質——提升教育能力，然後用最有效的方法培養孩子積極的心理品質，讓孩子能夠學會以積極、陽光、正面、樂觀的態度看待世界。

# 正向教養是順應天性的教育

在傳統教育中，我們認爲孩子只要多學知識、掌握技能即可，卻忽視了對孩子進行人格教育。

實際上，孩子在成長過程中不僅要掌握各種知識、技能，還要具備愛心、擔當、創造力、想像力、感染力、懂得利他、擅長溝通等積極的品質，而這些品質，光靠書本是很難學到的。

正向教養就是試圖運用正向心理學的原理，培養具有積極心理素質的孩子，讓孩子有終身學習的原動力，能不斷地發揮自己的內在優勢、美德、品質，從而積極迎接未來的各種挑戰。具體來說，我們可以從以下三個方面來理解：

# 不只為了學習，更是為了幸福

經常有人問：「彭老師，正向教養到底有什麼意義呢？」

作爲一名長期在大學任教的教育工作者，我最切身的感受就是，孩子的生活不能只爲了學習，還應該過得開心、愉悅。

我曾經在北京大學任教，後來又前往加州大學柏克萊分校任教，如今在清華大學任教。我見過無數優秀的考生以非常優異的成績考入世界頂尖學府，這些孩子學習認眞，也很勤奮，但我卻非常痛心地發現，一些原本很優秀的孩子在考入大學後就迷失了自我，甚至開始放縱、墮落，最後可能連畢業證書都拿不到。

我曾多次與這些孩子溝通，發現存在於這些孩子身上的一個共性：他們都被父母嚴格管教、被寄予厚望，但如父母所願考上名牌大學後，他們就覺得：我的使命完成了，接下來，我就要做自己喜歡的事了。

他們喜歡的事情是什麼呢？就是不再聽父母的話，做自己夢寐以求的事情，而這些事情基本就是享樂和放縱，極端情況甚至是想放棄自己的生命。他們認爲自己滿足了父母的期待，自己也要滿足自己——遠離眼下這個令自己厭倦的世界。

我也是兩個孩子的父親，聽到這些，非常痛心。這警示我們：在期望孩子學習好、考上好大學的同時，更有必要關注他們的心理成長與心理健康。而正向的人格教育，會在提升孩子學習積極性的同時，更關注孩子的心靈成長，激發正向的內在動機，讓孩子保持正向、陽光、美好、善良的心態，去面對自己未來的人生。

心理學家羅伯特·羅森塔爾（Robert Rosenthal）曾做過這樣一個有趣的實驗。他將一群小朋友隨機地分成兩組，然後告訴老師：「其中一組孩子現在看來成績不好，但只要你用心關照、支持他們，他們未來的成績會很好。」而對於另一組孩子，他告訴老師：「這些孩子不會有大的成就，現在就已是他們的最好水準了。」

對那些受到積極暗示的孩子，老師的態度非常積極，孩子的行爲也開始變得不一樣，他們對世界充滿了好奇和希望，另一組孩子就沒有這樣的待遇。

一學期後，第一組被認爲會變得優秀的孩子，成績果然都提升了。而那些沒有得到積極暗示和特殊關照的孩子，成績都下降了。這個現象在心理學上叫作「羅森塔爾效應」。

通過這個實驗可以看出，積極的支援和關懷可以產生正面的效果，反之則會產生相反的效果。

正向教養不僅能讓孩子產生正面的學習效應，更重要的是能培養孩子積極向上的力量，既提高了他們的成績，又提高了他們的心理水準。特別是在一個需要終身學習的時代，培養孩子的學習習慣和學習動機，其實比單純地培養孩子的應試能力更有價值和意義。

## 正向教養是人類社會發展的密碼

生物學家一直在研究人類生命發展的密碼——遺傳訊息DNA。進入大數據時代，人類學家又開始探索文化的遺傳DNA，即社會發展中的那些規律性現象。

在研究中，我們發現了一個規律性現象，即人類社會的進步和發展不是靠鬥爭，也不是靠戰爭和掠奪來實現的，人類社會的發展靠的是人們的善意來實現的。什麼叫善意？就是我們要和他人合作、交往、交流。大規模的文化交流、技術交流、貨物交流、財富交流，對人類社會發展來說是很重要的密碼。

我們深入分析了人類財富的增長規律，發現從西元元年到二〇〇一年，有三個爆發性增長的時間節點，也是人類思想解放的節點。

一是文藝復興期間，地理大發現、人類大規模的遷徙、交流和變換變得可能；
二是工業革命，人們的交往與合作變得日益增多；
三是第二次世界大戰結束後到現在。
這些節點都處於人類社會進行大規模交往、交易、交換的時代。

由此我們也可以推斷，在大數據時代，孩子要如何與他人交往、交流和交換，才是父母應該眞正關注的問題。

前幾天，一個親戚給我打電話說，他的孩子明明是從名牌大學畢業的，可他就是不願意上班。家裡人託關係幫他找了幾份工作，基本都是做不了幾天就鬧辭職，但他認爲問題都出在別人身上。

比如「某某今天讓我幫他列印檔案，可那不是我的份內之事。」「上司今天批評我了，其實我就遲到了兩分鐘而已，至於嗎？」「單位的客戶太難搞！」「同事今天說我工作沒做好，難道我還不如他？」……

總之，他每次辭職的理由都差不多，要麼是跟領導、同事、客戶處不好關係，要麼就是覺得自己在這份工作中屈才了，讓父母操碎了心。

那麼，我們該如何教育孩子，讓他們學會與他人正常、積極地交往呢？很顯然，不是教他們如何去競爭、奮鬥，或者用蠻力去獲取，這些已經證明不是我們人類的優勢。

人類的優勢是善於利用資源、調度資源，進行合作、溝通交流和表達。未來擅於與他人合作，能夠領導、感染他人，才是真正的本領。而正向教養，恰恰就是幫助孩子在成長過程中慢慢地具備這些能力和優勢。

## 正向教養是面向未來的教育

如果教育中缺少深沉的理性、無私的愛、理解與關懷、支持與感恩、寬容、超越、洞見等美好情緒或心理體驗的參與，僅僅是追求簡單的愉悅、暫時的滿足，那不是正向教養，只是快樂方法的教育應用。

我們今天之所以推廣正向教養，目的就是輔佐傳統的知識教育，讓孩子掌握知識之外的能力，幫助孩子在未來獲得全方位的發展。

那麼，什麼是知識之外的能力呢？

美國著名管理學家丹尼爾・品克（Daniel Pink）曾指出，在人工智慧時代，人類需要擁有機器所不具備的六種能力，即審美力、意義力、快樂力、表述力、同理力和共鳴力。

丹尼爾認爲，二十一世紀是一個感性的時代。只有能夠擁有上述能力的人，才能眞正成爲時代的主人，而正向教養恰恰就是面向未來，培養孩子這些能力的一種教育理念。其目的是讓孩子不僅具有出色的學習能力，還擁有更多的靈性、悟性、善意和更高的德行。

而正向教養的目標，正是將每個人都擁有的那些正向情緒喚醒，使之發芽、茁壯生長起來。這包括充分調動正向情緒、全情投入到所從事的事情中，勇敢堅韌地不斷探索生命與世界的意義，積極地獲得那些或大或小的成就，以及構建良好的人際關係。

以上這些，就是正向教養眞正要教給孩子的東西。

## 親子遊戲・記錄三件好事

請孩子在自己的「好事記錄本」上寫下三件好事，以此給孩子留下美好的回憶和幸福的感受。
這三件事可以是剛剛發生的，也可以是曾經發生的。
記錄時要注意：

・記錄的好事可大可小。
・美好的小事也值得說，不要讓孩子忽略生活中那些美好的小事。
・孩子在講述好事時，父母要引導孩子注意句式，可以鼓勵孩子用這樣的句式敘述：好事情＋我的感覺＋感謝。

比如：「今天去郊遊，山上的野花開得真漂亮，讓我心情很愉悅，感謝美麗的春天！」
「今天下午吃到媽媽烤的蛋糕，很香，讓我心滿意足，感謝媽媽！」

第二章

# 情緒力，引導孩子管理自己的情緒

二一十世紀人類面臨的最大的生存挑戰，不是汙染、戰爭、飢荒和瘟疫，而是我們的幸福感偏低，這主要與我們的情緒有關。

每個人都有生氣、急躁、憤怒、懷疑、攻擊等複雜情緒，這些都是正常的，關鍵是我們不能讓這些負面情緒影響身心健康。

對於成長中的孩子來說，培養調節情緒和管理情緒非常重要，它是未來遇到挫折時自我激勵、識別他人的情緒，以及處理人際關係等能力的基礎。

## 情緒的優勢

說到情緒，很多人可能將情緒當成是一種自發的、被動的、生理的、不可控制的主觀反應或主觀感覺。但是，現代心理學研究發現，情緒並不只是一種個人感覺或感受，而是一種具有社會性的心理行爲，是社會溝通的信號。

實際上，達爾文早在一八七二年出版的《人類和動物的表情》一書中就提出，人類與動物的典型區別在於人類有豐富的情緒活動。達爾文認爲，情緒是人類演化的高級心理工具，是人類的競爭優勢。

現代心理學通過研究對情緒進行了更加科學的定義，認爲情緒由內在與外在刺激引發的生理反應、主觀感受、認知評價和行爲反應四種成分交互而成。

# 情緒的四個要素

## ①情緒的生理基礎

人類有個非常重要的神經系統，叫作迷走神經。它是人體內最長、最古老的神經通道，發源於腦幹，再通過咽喉、頸部到達心臟、肺部及其他內臟，止於賁門附近。

長期以來，科學家都認爲迷走神經只跟呼吸、消化等生理活動有關，但現在發現，它與我們的道德感、情緒、幸福的表現等都密切相關。

當迷走神經張開時，我們就會擁有積極的情緒，會感到開心。從生物演化角度來看，這是因爲人類在站立起來後，自然而然地希望迷走神經處於舒展的狀態。

舉個簡單的例子，當你在大街上遇到一位美女或一位帥哥對你微微一笑，你可能會面紅耳赤、心跳加快、手心出汗等，此時迷走神經就充分舒展了；而當你遇到恐懼或糟糕的事情時，你可能會聲音短促、急迫，此時迷走神經就受到壓迫。

這些就是生理反應，它是情緒產生一個很重要的因素。

## ②情緒要有主觀感受

當我們遇到意外的事情時，會隨之產生相應的主觀感受。比如當你來到一個陌生的環境時，在主觀上可能會感到緊張、恐懼；當你被不公平對待時，會感到憤怒、生氣；當你從公司領到獎金時，可能會很高興、開心。這些都屬於你的主觀感受。

## ③情緒需要認知評價

當我們面對一件事時，可能會有生理反應，也會產生主觀感受，但僅有這兩者還不叫情緒。要產生情緒，我們還需要對事件進行標籤、認知、分析和評價。

比如在感覺不舒服時，如果你認爲自己不舒服的原因來自外界，那麼你就會認爲這是別人帶給你的，這時你可能會產生憤怒的情緒；但如果你認爲是自己造成的，那麼你產生的情緒可能就是傷心、不安、自責等。這就是非常重要的區別。

心理學家理查·尼茲彼（Richard E. Nisbett）在研究中發現，情緒的評價理論是決定我們對外界事情產生何種情緒的一個重要原因。但即使是同樣的生理反應，如果人的認知評價不同，感知就會不同，產生的情緒也會不同。

著名心理學家史丹利．沙克特（Stanley Schachter）做過一個很經典的實驗：他給兩組受試者分別注射了同一種藥物，並告訴他們這是一種複合維生素，目的是測試這種新藥是否會對視力產生影響，但實際上他注射的是腎上腺素和食鹽水。

注射了腎上腺素後，受試者會出現相應的生理反應，如血壓升高、心跳加速、手發抖、臉發燙等，這時沙克特發現，當他告訴其中一組受試者，這些表現都是藥物注射的作用，那麼這組受試者的情緒就很淡定；而對另一組受試者，他什麼也沒說，只是將他們分別安排到兩個環境中：一個是憤怒的環境，一個是愉快的環境。

結果發現，在憤怒的環境中，受試者表現得非常憤怒；而在愉快的環境中，受試者表現得十分愉快。也就是說，這組沒有被告知注射藥物後會有何種反應的受試者，由於所處外界環境的不同，產生的情緒也完全不同。

明明是同一種藥物引起的感覺，當自我認知與自我評價不同時，所產生的情緒也完全不同。由此我們也可以說，情緒與認知、評價是密不可分的。

## ④情緒要有外在的行為反應

情緒反應除了有內在的心理體現外，還一定會通過某種外在的行爲表達出來，這就是情緒社會特性的體現。我們在高興時會唱歌、會大笑，願意與人打招呼，願意拓展社會關係；而在傷心時則會沉默不語、不想見人。

這就是人類的情緒，它不是純粹生理的或心理的感受，而是一定會通過某種行爲體現出來，讓他人或社會感受到的外在反應。

經由情緒這個入口，我們才得以窺探一個人的心理狀態。當然，科學家與認知神經科學家現在的工作，就是用各種物理儀器與化學試劑對大腦與神經系統進行監測與揭示；心靈導師則喜歡持續地運用那些聽來無比動人的文學化語言，來表達那些可以讓人心潮澎湃的醒世恆言。

瑜伽、靜心、禪定等體修人士則幾乎對所有說理、說哲、說科學早已免疫，他們追求的是行動的境界：別人不懂沒關係，他們也沒心思向他人解釋那種只有在體修時才能意會、不可言說的神祕體驗。

情緒與心態的定義就這麼被人們像揉麵團一樣隨著自己的心情揉成了不同的形狀。事實上，個體的心理狀態是否健康完全可以從情緒上窺得一斑。

雖然並不全面，但顯而易見的是，情緒是最容易從外部觀察、體驗和測量的心理狀態。從當下流行的存在心理學派的角度來看，人最深切的存在感，是一切活動與人生意義的根源。

## 情緒背後的心理防衛機制

許多家長與老師在教育過程中，都會遇到與孩子無法溝通的問題。尤其是到了青春期，孩子不再願意和家長分享自己的事；還有的孩子在與家長發生矛盾與衝突時，會表現出強烈的封閉傾向。

一言不發、面無表情、身體僵硬、眼神冷漠，或表現出一種玩世不恭的態度。嚴重時，還將導致孩子與家長之間巨大的隔閡與矛盾，甚至發生惡性事件。

幾年前，我看過一篇報導，一位父親因爲孩子總玩手機生氣，在勸說無用的情況下，憤怒的父親直接搶下孩子的手機，從樓上扔了下去。面對這種境況，孩子竟然用了一種更爲極端的方式——跳樓輕生來表達自己的憤怒。

每次看到類似的事件，我都十分痛心。事實上，有很多種方式可以避免這類惡性事件的發生，也有很多機會與方法可以挽救一條年幼的生命，保護一個完整且幸福的家庭，但偏偏很多家長意識不到兒童教育中，「懂得是最好的愛」這個道理。

不懂孩子，更不懂科學，也不懂科學養育，以致長期以來創造並放大了自己與孩子之間的矛盾，最後造成無法挽回的惡果。很多專家都討論過類似的問題與解決方案。這裡我想從心理防衛的科學角度對類似事件的心理原因進行一些解讀。

## 什麼是心理防衛機制

一八九四年，著名心理學家佛洛伊德在《防禦型神經精神病》一文中，第一次提到「心理防衛機制」這個概念。

佛洛伊德指出，心理防衛機制是「個體在潛意識爲減輕、回避和克服本我和自我的衝突帶來的挫折、焦慮、緊張等心情，而採取的一種以保護自己爲目的的防禦手段」。

佛洛伊德是最早從心理學角度對與人類極端負面情緒相關的心理狀態進行分析的研究者之一。雖然今天隨著心理科學的發展，佛洛伊德早期關於潛意識作用與心理防衛的關係的解說已被後來的心理學家進行了修正與完善，但心理防衛機制作爲人們認識心理現象的一種概念，至今仍然具有強大的生命力。

用今天心理學家公認的說法，心理防衛機制就是指個體面臨挫折或衝突的緊張情緒時，在其內心活動中具有的自覺或不自覺的解決煩惱、減輕內心不安，以恢復心理平衡與穩定的一種適應性傾向。

它是人類心理現象中一種客觀的存在，是人「趨利避害」的生物特徵的典型體現，意味著每個人在遭遇對自己不利的情況時，都會產生一種心理防衛機制。

不同的人，其心理防衛機制的強弱程度也是不同的。那些脆弱的心理防衛機制往往不具備理性與邏輯，而強大的心理防衛機制則能在很大程度上克服情緒的表露，展現一種理性與邏輯的狀態。

那麼，如何構建健康的心理防衛機制？其實，良好的社會支援狀態可助益我們的身心健康：一方面，它能對處在壓力狀態下的個體起到保護作用；另一方面，它還能更好地維持個體良好的情緒體驗。所以心理學家認爲，社會支援狀態也是一個人成熟與否的重要心理健康標誌之一。

當我們進入成年後，我們在社會生活中擁有的地位、資源很大程度上都依賴我們與他人的關係。與他人正常、積極的關係會對我們的身心健康十分有益。

## 教育中不必要的附加衝突

教育中存在著不同參與者之間心理防衛機制的博弈問題，我將之稱爲「不經意脫離教育本身目的的一種附加衝突」。

這個定義有點晦澀，比如孩子考試考砸了，教育的參與者——家長與孩子本來的目的是解決考砸的問題，但對話過程中卻不可避免地陷入一個「不必要的附加衝突」——關於笨不笨和愛不愛的問題。

從本質上來說，考試考砸了與笨不笨、愛不愛之間並沒有直接或必然的邏輯關係，但家長會受情緒左右，把自己的焦慮、擔憂、氣憤轉化爲對孩子人格狀態不健康的主觀假設，同時對孩子的表現、對自己的付出、顏面損失進行防禦性設定。

與此同時，孩子本來應該反思自己爲什麼考砸，尋找解決問題的正確方法，但受情緒的影響，關注點變成對父母的愛純粹與否的人爲假設，以逃避自己在別人面前丟臉或者沒有滿足父母的期待而有可能產生的損失。

在考砸了這個具體的情景中，無論是家長，還是孩子，都面臨一種非理性的由情緒主導的心理防衛機制的對抗。

不成熟的親子關係，或不懂科學的教育方式，讓家長一次次地在類似情景中喪失對孩子的控制力與影響力，而孩子也會對父母不再信任，這給親子關係帶來無窮無盡的衝突、爭吵或冷戰。

在這種狀態下，每一方都認爲自己是受害者，是不被理解、不被尊重的人。絕不要小看親子教育中心理防衛機制的作用，處理好了，會成爲積極生命的助力與動力；處理不好，則會成爲生命的羈絆，導致家庭悲劇。

心理防衛機制的積極意義，就是可以恢復心理平衡，而消極意義則會導致壓力緩解後的退縮與恐懼，甚至會通過否定、掩蓋、轉移等方式來掩飾內心的挫敗感，拒絕面對問題，而逃避只會讓問題更加嚴重。

那麼，我們該如何判斷自己的言行、情緒是否源於心理防衛呢？這就需要我們具體來了解一下心理防衛機制的分類。

## 心理防衛機制的三種情況

### ❶不成熟的心理防衛機制

不成熟的心理防衛機制不僅會把我們引向糟糕的生活狀態，還會對我們的人際關係造成嚴重影響。比如一些人在遇到困難時，首先想到的是逃避，而不是解決問題；在被上司訓斥之後，把滿腔怨氣發洩在配偶或孩子身上；孩子犯錯時，家長完全被憤怒衝昏頭，不加克制地大肆批評；對孩子極端溺愛，孩子犯了錯也不制止與教導，認爲這些都是小事情，孩子長大了自然就懂事了等。

通常來說，不成熟的心理防衛機制包括以下幾種：

・**壓抑：**潛意識中有意地防止痛苦或危險的想法進入自己的意識，以避免自己受到負面資訊影響。比如孩子考試不及格，被父母責罵後，就會不斷地強迫自己忘掉這次糟糕的經歷。

·**否定：**通過拒絕承認某個不愉快的資訊或事實來維持內心的平衡。

比如一個二年級的孩子在文具店偷了一枝筆，結果被店主發現，孩子拒不承認偷了東西。即便父親來了，在大雪天裡讓孩子罰站，孩子也不承認。這就屬於典型的對事實的否定，以求得內心平衡。

·**幻想：**通過假想自己獲得某種成就來滿足自己沒有實現的願望。

比如因爲體弱而經常被欺負的孩子，就會常常幻想自己變成一個大力士，讓別人都怕自己。

·**行爲倒退：**有時成人或稍大一些的孩子，會有意識地倒退發展水準，做出一些幼稚的行爲。

比如有些大人在遭受痛苦難以忍受時大喊大叫：「媽呀！」或者躺在床上蒙上被子、不肯見人。

·**發洩：**有些人在心情煩躁、惱怒時會做出一些衝動的事。

比如一不開心就暴飲暴食，或者買很多東西；有些夫妻關係不好，就會出現家庭暴力或冷戰現象；有些家長與孩子發生矛盾，不想辦法解決問題，反而出去找朋友喝酒，借酒消愁。

這種發洩行爲很多都與習得性無助相關，因爲解決不了問題，或者不願意解決問題，久而久之便形成一種消極的習慣性偏好。這種無助感很折磨人，只能通過發洩來平衡心態。

## ❷中性的心理防衛機制

中性的心理防衛機制是介於不成熟與成熟之間的一種心理防衛機制，它一般包括下面幾種情況：

・**轉移**：最常見的中性心理防衛機制，通常是爲了避免自己對某些人或事表現出憤怒，讓自己陷入更多的麻煩，於是就把這種憤怒轉移到自己能發洩的物件身上。

比如有些人在外面受了委屈後，回到家就把怨氣發洩在家人和孩子身上，無端地製造一些衝突。對於這種情況，我們強烈規勸有這種行爲習慣的人士提高自己的修養，合理轉移不良情緒。

學會正確地轉移不良情緒，非常有益於維持自己的心理健康。比如你可以把情緒轉移到一些物體上，或轉移到一些有益的活動上，如運動、唱歌等。

·**抑制：**有時，我們完全忘記了一些不愉快的經歷，這就是抑制機制在發揮作用。比如孩子對曾經犯過的錯誤「不知悔改」。

但在心理學家看來，這種情況很可能是有一種抑制的心理機制在起作用。因爲那些不開心、讓自己傷心難過、不愉快的經歷，對於孩子來說影響更大。在這種情況下，抑制功能發揮作用也是可以理解的。

還需要注意的是，這裡提到的抑制與我們經常說的壓抑是不一樣的。抑制是一種自然產生的負面情緒，是一種體驗的自然性記憶喪失，它在很大程度上具備生物自然性；而壓抑更傾向於主觀的可控情緒反應，是經過一定的認知加工與情緒整理後的結果。

·**反向的行爲表達：**是指通過做出誇張的、與自己實際想法相反的行爲來規避某些危險的想法。

比如幼稚園或小學階段的孩子都有一種特別明顯的現象，就是如果他喜歡一個異性同學，那麼他表現出來的並不是積極主動地接觸或討好，而是明明很喜歡，卻故意惡語相向、欺負對方。如果不理解這種現象的深層原因，我們的處理方式也很難恰當。

在這種情況下，我們只需要堅定而溫柔地告訴孩子不要做出傷害別人的行爲即可，完全不必找老師告狀，或對孩子的人格進行否定或批評。在這種情況下，孩子表達的其實是一種朦朧的愛，只是不太懂得或不確定用哪種方式才能得到對方的關注，才用反向的行爲來表達。

· **投射：**是指把自己的感覺、缺點和一些齷齪的衝動投射到別人身上。

比如有的孩子考試作弊，就認爲那些成績好的孩子也作弊，當被老師或家長發現時，他們就振振有詞地將自己的假設當成現實說出來。

這時我們要理解孩子的投射心理任何一個孩子都希望自己在成人眼裡是完美的，但正因爲他們知道自己不完美，才想盡辦法找藉口證明自己其實是符合要求的。這是一種極度渴望被接納、被認可、被愛的心理需求。

· **合理化：**也叫掩飾作用，是指在遭受挫折和無法達到目標，或者行爲表現不符合社會規範時，有的人就會找出一些理由爲自己辯解，以此掩蓋面臨的窘境；或者隱瞞眞實動機和願望，進而爲自己的行爲開脫。

比如有些學生認爲考試成績不佳，是因爲老師講得不好，或者老師對自己不重視。當他們這樣想時，心裡就會感覺很輕鬆。

合理化的一個常見表現就是「酸葡萄心理」。有人得不到想要的東西或實現不了某些願望，就會說這個東西不好，這件事不穩妥，其實這都是爲了沖淡自己因得不到而產生的不安情緒。

另一種常見的合理化表現叫作「甜檸檬心理」，它與「酸葡萄心理」正好相反，不是說自己得不到的東西不好，而是百般強調凡是自己擁有的東西都是好的。因爲他得不到葡萄，只能得到檸檬，所以就不斷強調檸檬是甜的，以此來減輕自己因得不到葡萄，內心所產生的失望與痛苦。

比如有些孩子資質平平，沒有特別出彩的地方，他們就會說「傻人有傻福」「太聰明的人不好」「某某很聰明，但總犯錯誤，總被老師批評」等。

「甜檸檬心理」並不完全是不好的，有時它可以激發樂觀心態，但過度不理性或盲目的「甜檸檬心理」則是有害的，讓孩子失去前進的動力，面對困難時容易找各種藉口，這時就需要教育者進行干預。

## ❸成熟的心理防衛機制

與不成熟的心理防衛機制形成鮮明對比，是身心健康的人一生都在使用的心理機制，通常有以下幾種表現：

．**分離：**是指通過嚴密的邏輯歸納，在認識上把那些矛盾的思想和感覺彼此分離開來，以此避免內心的衝突。任何一個受到傷害的人，只要冷靜地回顧一下自己受傷的原因、背景，歸納一些預防此類傷害的方法，就能減少內心的衝突。

比如猶太人在二戰期間遭受過嚴重的迫害，於是一些人就通過寫日記的方式把自己的痛苦經歷寫出來。後來研究發現，這些能把痛苦的經歷傾訴出來的人，通常比那些壓抑著不說、不想的猶太人至少多活十年。

能夠冷靜地分析自己的痛苦體驗，反而能將內心的痛苦釋放出來，從而減輕痛苦對自己的傷害。

．**補償：**是強調利用自己某些有價值的特質來彌補自己客觀存在或主觀存在的缺陷。

比如身體有殘疾的人會通過努力使自己在其他方面表現得更加優秀；外型不理想的人會通過提升知識水準等方式來彌補外在劣勢；在某些方面天賦不足的孩子會主動尋找那些更加符合自己天賦的內容與家長溝通，並取得相應的成就。

**・昇華：**將個體的欲望和衝動轉化爲能被社會允許或贊許的事物。比如當你嫉妒別人比你學習好或工資高時，就通過夜以繼日的努力來提升自己，超越對方。

歷史上有許多這樣獲得心靈昇華的例子，如西漢時期的文學家司馬遷在被施以宮刑之後堅持撰寫《史記》；德國文學家歌德在遭受失戀的痛苦後創作了《少年維特的煩惱》；著名音樂家貝多芬在失聰後創作出偉大的《命運交響曲》等。

現實生活中這樣的例子也很多，比如一些考試落榜生，經過一年的重考，取得了更好的成績，考上了理想的大學；年輕時並不出色的人，進入中年後厚積薄發，取得很大的成功。

當問這些人是怎樣實現這些轉變的時，他們會說自己是在某個時刻突然頓悟，意識到了生命的品質與價值，並找到了自己新的生命追求，改變了自己的行爲，擺脫了負面情緒，於悲痛中蛻變成強者。

·**幽默**：用輕鬆、幽默的語言來化解內心的焦慮、痛苦等情緒，比如通過調侃、自嘲等方式來宣洩內心的鬱悶和不愉快的體驗。

著名心理學家芭芭拉在《積極情緒的力量》一書中，特別強調了幽默逗趣的積極作用。在芭芭拉的正向心理學理論裡，幽默不僅是一種能力，更是一種積極天賦的展現，這樣的天賦與幽默本身具備的正向情緒特徵相關。

如果說「會開玩笑」屬於一種主觀能力，那麼幽默則帶有一種自發性。只是幽默這種情緒更容易通過語言、行爲來表達，而不像恐懼、焦慮或快樂那樣，通過面部表情直接表現出來，以致讓人們誤認爲幽默只是一種能力，而不屬於情緒範疇。

·**利他的公益行爲**：通過做一些對社會有意義的事來化解個人內心的焦慮、煩惱、痛苦和內疚等不良情緒，從幫助他人的過程中獲得快樂。

多項研究表明，那些樂於助人的青少年心理更健康，也更積極、活躍，敢於迎接挑戰，患抑鬱症和自殺的概率也更低。

利他最常見的行爲就是做公益。人在做公益時，不僅道德感會獲得昇華，還會產生一種積極的身心反應。

梁漱溟先生在《人心與人生》一書中，就曾說過這樣一段話：「仿佛自己越是在給別人有所犧牲的時候，心裡特別覺得痛快、酣暢、開展。反過來，自己力氣不爲人家用，似乎應該舒服，其實並不如此，反是心裡感覺特別緊縮、苦悶。所以爲社會犧牲，是合乎人類生命的自然要求，這個地方可以讓我們生活更能有力！」

由此可見，助人爲樂是消除我們負面情緒體驗的一種有效途徑，所以利他也是一種非常有效、有意義，且能馬上實現的積極心理防衛機制。

以上就是心理防衛機制中最常見的幾種情況。不過，心理學家與教育家通過大量的研究與實踐發現，對於很多孩子來說，最容易運用的心理防衛機制通常有三種：否定、行爲倒退和投射。對照前述的種種心理防衛機制，我們可以看到，這三種防衛機制顯然都不太利於孩子身心的健康發展。

那麼，作爲父母，我們就要先看看孩子平時偏好哪些心理防衛機制。如果孩子選擇不成熟或中性的防衛機制偏多，那麼我們就要採取一些必要的措施來改變孩子的行爲偏好。最終我們要說明孩子了解自己，認識自己的行爲和情緒，進而通過引導，讓孩子學會與負面情緒和諧相處，幫助他們尋找積極的情感體驗，從而逐漸擺脫不成熟的心理防衛機制。

# 正向情緒的力量

你是喜歡與樂觀開朗、笑口常開的人交朋友，還是喜歡與悲觀消極、整天愁眉苦臉的人交朋友呢？

我相信絕大多數人都會選擇前者，因爲他們的正向情緒會感染我們，讓我們也跟著樂觀開朗起來，達到情緒上的共鳴。正向情緒不僅能幫助我們與更多的人建立人際關係，有時候甚至會帶來好運氣。

二十七年前，當我從美國密西根大學博士畢業後，就給嚮往的世界知名大學心理學系發出求職申請。鬱悶的是，在接下來的半年多裡，我的求職信雖然得到了校方禮貌的回覆，但一直沒有獲得正式邀請。

而同時，我的幾位博士同學已經陸續接到其他大學的邀請，雖然這些大學不是我所中意的名校，但我還是感到有些失落，時不時地冒出一些焦慮感。

雖然我是一個專業的心理學者，十分了解焦慮情緒的壞處，但我同時也是兩個孩子的父親，面臨著養家餬口的現實壓力。

早在一九九四年，我就發表了一篇文章〈文化與歸因〉，並且得到了學術界的高度認可。也正是通過這篇文章，心理學界的同道中人了解到我是東西方跨文化溝通最早的心理學奠基者之一。

在我的論文發表後不久，在不同的學術會議場合，一些高校的教授與心理學系的負責人紛紛向我表達了在我畢業後邀請我去任教的意向。其中，一所亞洲的頂尖高校給出了即便是現在來看也極爲誘人的薪水與待遇。只是我當時還沒有畢業，我的導師約翰・奈思比（John Naisbitt）先生也不太贊同我去這所在全球心理學界不占主流地位的學校。

最終，我懷抱著極大的感激之情婉言謝絕了這所學校的厚意。不過，通過這件事，我對自己畢業後的求職充滿了信心，相信自己有實力與能力進入一所心儀的院校。

然而，在畢業半年後，當發出第十六封求職信時，我心裡開始被焦慮與不安充斥。按常理，即便是愼重考察，半年時間也夠了，但我卻沒有收到回覆。

在孩子面前，我不能表露出任何不安，就像電影《星際效應》裡男主角說的那樣：「你不能對著一個十歲的孩子說去拯救世界，因爲孩子需要的是安全感。」

當兩個孩子蹦蹦躂躂地跑到我面前，拉著我的手讓我陪他們坐雲霄飛車時，我眞有一種強顏歡笑的感覺。但我知道，在孩子們面前必須保持積極樂觀的狀態，哪怕是裝出來的。

陪孩子們坐雲霄飛車時，我的笑很大一部分不是發自內心的愉悅。即便如此，我還是懂得了一個道理：就算在最不確定的時候，也要對自己充滿希望，更何況事情可能並沒有想像的那麼糟糕。

後來我知道，當年美國心理學專業名校全部裁減了人員，比如哈佛大學、耶魯大學等，都沒有錄用新人員。

它們很早就願意接納我成為新教師，只是受當時的社會條件所限，不得不延長了審核時間。對於學校的負責人來說，他們無法錄用我的焦慮，絲毫不比我等待他們的錄用少。

後面的故事，就有點「命運自有安排」的戲劇性了。就在我跟孩子們從迪士尼樂園回到家時，收到了來自加州大學聖地牙哥分校的錄用回覆。這是我求職申請名單中第一個正式回覆的名校。

接下來的兩週，我陸續接到了多所大學的錄用回覆。到最後，投出的十六所名校，包括我喜歡的加州大學柏克萊分校、芝加哥大學、康乃爾大學等，竟然全部同意錄用！我創造了美國心理學史上博士畢業生求職的一項紀錄——投出的十六份求職申請，百分之百地得到了錄用回覆。

這眞是讓人意想不到的結果。而我的情緒也在這個過程中像雲霄飛車一樣經歷了大起大落……

多年之後，當我與哈佛大學、耶魯大學的心理學系負責人聊起這件事時，他們打趣地說，如果當年他們學校也招教師，我也一定會被錄用。

我很好奇地問他們：「爲什麼你們認爲我會被錄用？」他們的回答有些出乎我的意料。他們並沒有首先提到我的學術成就，當然學術成就是基礎，但決定錄用我是因爲我給他們留下的印象。

他們告訴我：「你知道嗎？你很出名的。除了你的學術成就很棒，還因爲你朝氣蓬勃、親和善良，而且總是情緒飽滿，積極正向。東方人大多很內斂，讓我們不知道他們在想什麼，但你不同，這讓我們覺得與你更加容易溝通。」

我很少向別人提起這段經歷，現在之所以將自己年輕時的經歷分享出來，是想說明正向情緒的培養對一個人漫長的人生多麼重要。尤其對於孩子來說，更早地讓他具備控制情緒、把握情緒、駕馭情緒的能力，與他考個好分數同樣重要。

## 學會應對人生中的不確定性

有些時候，即使在自己特別有信心的領域，客觀事態的發展也並非完全如我們所願。

我們經常會感到焦慮，就在於對不確定性和未知世界的深層恐懼，這是人與生俱來的演化特質，並不會因爲你是學霸或學渣而有所區別。

對於分辨能力不強的孩子來說，現在不斷加快的生活節奏、豐富的訊息量、不斷出現的種種誘惑，讓他們更加難以在短時間內接受和適應，因而也更易受到不確定性、非連續性事件影響。

孩子面臨的最大挑戰之一，就是如何面對因此出現的種種不良情緒。不良情緒一旦出現，就會嚴重影響心情、降低主動性，甚至會導致孩子陷入比較嚴重的心理困境與生活困擾。這個時候，也是孩子最容易犯錯、最容易被打敗、最容易喪失自信的時刻。

著名情緒研究專家芭芭拉專門研究人類的正向情緒三十多年，在《積極情緒的力量》一書中，她提出了人類的十種極其重要的正向情緒，包括喜悅、感激、寧靜、興趣、希望、自豪、幽默、激勵、敬佩和愛。

在芭芭拉看來，積極的情緒可以讓人生機勃勃。正向情緒雖然非常脆弱和個人化，但是能令人眼神活潑、面龐柔和、微笑洋溢，並且讓所見之人從心裡由衷地感到和諧與美。書中有一段特別讓人感動的話：

把你想像成春天的一朵花，你的花瓣聚攏，緊緊圍繞著你的臉。即使你還可以看到外面，也只有一點點光線。你無法欣賞到發生在身邊的事情。然而，一旦你感受到陽光的溫暖，情況就變了。你開始變得柔軟。你的花瓣放鬆，並開始向外伸展，讓你的臉露出來，並拿掉了厚實的眼罩。你看到的事物越來越多，你的世界相當明確地擴展著，可能性不斷增加。

這段話十分富有詩意，也是她關於正向情緒理論最核心內容的形象表述。孩子在眞正成長起來之前身心都是很稚嫩的，就像花瓣一樣。同時，他們身上也有著太多的可能性與不確定性。因此，我們不能想當然地認爲孩子會成長爲一棵成熟的大樹，具備能夠抵抗風雨的堅韌心理。

社會習慣於讓孩子活得像個「小大人」，這樣的孩子會被讚賞和鼓勵，被冠以

「懂事」「聽話」「好孩子」「受歡迎」等標籤。這些的確是優秀的品質，但也要分孩子面對的是什麼事。

如果大人只是站在自己的角度提出一些根本不符合孩子的認知規律與生命發展規律的要求，不顧及孩子的感受，不能讓孩子產生積極的情緒，那麼無異於揠苗助長，會讓孩子更加焦慮。

## 幫孩子修建「心理護城河」

哈佛大學「哈佛學前方案」總負責人伯頓・懷特（Burton White）是美國多所學校的教育顧問。

他帶領科研團隊在三十多年的兒童教育研究中發現，以正向情緒建構爲代表的兒童人格素養培育，對於一個孩子的終身成長有著巨大的作用。

他指出：「沒有任何問題比人的素質問題更重要，而一個孩子在青少年時期的經歷，對於其基本人格的形成有著無可替代的作用。」

由此，正向心理學家認爲：「由於我們每個人擁有的對自身情緒的控制，都遠比我們所意識到的要多，所以我們有能力促進自己的成長，並且達到最佳機能水準。

理解關於正向情緒的科學事實，將讓我們按照自己選擇的方向來掌握和駕馭我們的生活。」

我們應該積極引導孩子找到更多的愛好、關注更廣闊的世界。讓他們知道，人類有很多種生存方式，生命也有很多種存在形式，只要找到自己存在的價值，人生就是有意義的。

當孩子能從內心中認同自己，對自己有正確的期待時，就能更好地適應社會，在未來取得更大的成功。

## 激發正向情緒的「五施」原則

情緒能力發育良好的孩子，主動適應環境變化的能力更強，智力與品質的發展也會更好。

爲了有效地控制負面情緒的影響，我分享一個「五施」原則。這不僅能幫助父母有效地控制自己的負面情緒，還可以引導孩子逐漸學會遵循原則，從而找到屬於自己眞正有意義的快樂。

· **言施：學會表達、溝通和交流**。

如果你留意就會發現，人們在聊一些社會不公平的事件時會越聊越憤怒，甚至拍桌子罵人；相反，人們在聊一些輕鬆快樂的話題時會由衷地笑起來。

這是因爲人從來不是被動、抽象地理解一些話題和概念的，而是帶著身心的體驗進行的。多進行正向的表達、溝通和交流，往往就會產生正面效果。

尤其當我們在與孩子溝通時，經常使用一些積極、樂觀、具有正能量的話語，就會激發孩子的正向情緒，並感到輕鬆和快樂。

哪怕是面對一件不好的事，學會引導孩子看到正向的一面，也能從一定程度上起到緩解作用，讓他們的心態變得積極。

在海穆・基・吉諾特（Haim G. Ginott）博士的著作《有話慢慢說》中，有這樣一個讓我印象深刻的故事。

五歲的南茜第一次去幼稚園時，看到幼稚園的牆上有一幅畫，就大聲地問道：「這是誰的畫，畫得這麼難看？」

媽媽聽到南茜這麼說很尷尬，就趕緊告訴她：「南茜，你說這幅畫『難看』是很不好的。」

這時，一位眞正聽懂了南茜提問的老師走過來，笑著對南茜說：「在這裡，你不需要必須畫漂亮的畫。」

聽完老師的話，南茜開心地笑了，因爲她已經得到了自己隱藏的問題的答案：「原來就算我在這裡畫出不好看的畫，也是沒關係的。」

很顯然，這位幼稚園老師很善於與孩子溝通。成人只有通過孩子外在的一些語言和行為了解孩子表現背後的感受和需求，設身處地地理解他們，以孩子期待的語言與之溝通，孩子才會敞開心扉。

・**身施：指通過觸摸、接觸自己的身體產生幸福感。**

比如在面對勝利時鼓掌歡呼，情緒就會變得非常愉悅。手上最敏感的觸覺區域是掌心，不斷碰撞自己的掌心，就會產生快樂的情緒反應；開心時與他人擁抱、擊掌等，也能給雙方帶來幸福的體驗。

所以，當孩子情緒不佳時，握著孩子的手、撫摸孩子的頭，或者擁抱孩子，都可以很好地緩解孩子的情緒，促進正向情緒的產生。

此外，和孩子一起運動、遊戲，比如跑步二十分鐘、打球半小時等，會讓孩子的大腦分泌各種化學物質，獲得開心、興奮等積極的情感體驗。

・**眼施：要有一雙慧眼關注生活中的變化，看到美好的事物。**

比如在季節變化時家人換了一件新衣服、孩子不開心時的小動作、親人和朋友的優點。因為太忙，我們有時發現不了身邊的變化，但是想體會到幸福，我們就必須去關注、發現生活中的美，去向家人和朋友表達我們的愛。

生活其實並不單調，如果我們總想著工作，就會丟失生活，也會離幸福越來越遠。下班途中請放慢腳步，欣賞沿途的風景，發現生活的美好；回到家後放下手機、關掉電腦，看看孩子的笑臉。這時，你心中湧起的那種溫暖、滿足的感受，就是幸福。

**·顏施：笑容，就是身心最好的保養品。**

科學家發現，人每笑一聲，從面部到腹部大約有八十塊肌肉參與運動；笑一百次，對心臟的血液循環和肺功能的鍛鍊相當於划船十分鐘的運動效果。

笑是人類的天性。嬰兒出生後一個月就會流露出微笑的表情，不需要學，也不需要模仿，天生就會笑。即使是雙目失明的兒童，生下來就看不見別人的笑臉，出生後一個多月也會自然而然地笑出來。

但是，笑也有眞假之分，科學家甚至專門做過實驗對其進行驗證。

一八六〇年，法國醫生杜鄉（Guillaume Duchenne）通過用電流刺激實驗物件的面部肌肉收縮，來啟動某種情緒和情感，攝影記錄下每種情緒和情感對應的面部肌肉活動。

結果他發現，眞實的微笑信號不僅是微笑肌（附在口腔和顴骨上）受到刺激，使人的嘴角被拉起，還會啓動眼睛周圍的小肌肉，導致眼睛周圍出現皺紋（俗稱魚尾紋）。這是一種內心愉悅的純淨笑容，非常有感染力和親和力。

相反，那些職業性的僞裝笑容往往只有嘴角拉伸出笑意，而眼角是沒有微笑表現的。這種笑後來也被人們稱爲「皮笑肉不笑」，科學心理學的表述則是「皮笑眼不笑」。

著名心理學家保羅．艾克曼（Paul Ekman）爲了表示對杜鄉的敬意，便將所有帶有眼角皺紋的眞心微笑統稱爲「杜鄉式微笑」。

「杜鄉式微笑」有三個特徵，分別爲提口角肌上揚、顴大肌上提和眼輪匝肌收縮。這是一種特別有感染力的微笑。

大量的實驗研究表明，擁有「杜鄉式微笑」的人，在工作與生活中獲得幸福感的比例較高，自我評價的幸福指數也較高。

「杜鄉式微笑」的影響力同樣適用於親子關係。

曼徹斯特大學心理學教授艾德．楚尼克（Ed Tronick）曾做過一個靜止臉實驗。

實驗的過程大致是這樣的：一對母子先進行熱情愉悅的互動，孩子表現得非常開心。接著，楚尼克讓母親進入「靜止」狀態，不管孩子做什麼，母親都面無表情。覺察到母親異常的孩子，先是嘗試用各種辦法跟母親互動，但堅持兩分鐘後仍然得不到母親的回應便大哭起來。

後來的實驗資料顯示，在母親毫無反應的這幾分鐘裡，孩子的心跳加快、體內壓力激素增加，如果再堅持下去，孩子大腦關鍵部位的細胞甚至可能會死亡。

這個實驗提醒我們，孩子需要經常與父母進行愉快的互動，並且父母的情緒回饋對於孩子來說至關重要。

基於這一結論，我們平時不妨多向孩子進行「杜鄉式微笑」，讓孩子感受到父母對他的愛與關注，從而維持穩定的親子關係。

**・心施：用心感受的「覺悟」。**

海倫・凱勒在《假如給我三天光明》一書中，這樣描述自己特別重要的心靈體驗，也是給所有能夠看見世界的人的勸告。

我想知道爲什麼有人在森林裡面走了一個小時卻什麼也沒有看到，我一個看不見任何東西的盲人卻看見了無數的事情。

我看到一片葉子上對稱的美感，我看到了銀杏樹葉表面那種光滑的觸感，我看到了樹枝上那種粗糙的凹凸不平。

我作爲一個看不見的盲人，可以給那些能夠看見的人一個啓示：去善用你的眼睛，就像你明天將會失明一樣。

去聆聽美妙的天籟、悅耳的鳥鳴、盪氣迴腸的交響曲，就像明天將會失聰一樣；去用心撫摸每一項物品，就像明天將會失去觸覺一樣；去聞花香，去品嘗每一口飯菜，就像明天你將永遠無法聞到香味和品嘗味道一樣。

以上的「五施」原則就是在提醒我們，在平時的生活中，我們完全可以在自己熟悉的環境裡認眞地找一找、看一看那些被我們忽視的事物、美好的細節。只要我們仔細去觀察、去發現，就一定會有新的領悟、新的感動。

而對於孩子來說，激發正向情緒，感受幸福的方法有很多。只要我們善於引導孩子探索和發現世界的美好，多去看那些正面的事物，多培養孩子感受情緒的能力，他們就一定能體會到更多有意義、有價值的東西。

## 負面情緒也是孩子的朋友

在家庭生活中，我們和孩子都會產生負面情緒。比如我們在工作中出現失誤，被老闆批評；開車回家的路上，被駕駛技術不佳的人按喇叭、逼車；回到家發現孩子沒寫完作業就打遊戲……這些都會引發我們的負面情緒。

同樣，孩子也會產生負面情緒，如考試沒考好，跟最好的朋友發生了矛盾，自己最喜歡的玩具不小心被弄壞了。

### 別把負面情緒當敵人

有些家長覺得負面情緒使人不開心，應該杜絕這些不好的情緒。他們不僅對自己有這樣的要求，還希望孩子能一直快樂，不要產生任何不好的情緒。

其實，這種想法是非常錯誤的。

情緒是人類在演化過程中出現的一種適應機制，可以保證人類生存。比如當對新環境感到害怕時，這種情緒就會促使我們逃跑、擺脫險境；當感到憤怒時，它能促使我們攻擊或示威，以保護自己及珍愛的人和事；當感到傷心時，它會促使我們關注重視的人和事，提醒我們避免出現更大的損失；當感到厭惡時，它又促使我們逃離討厭的環境，讓我們能遠離有害、惡劣、不道德的事；當感到焦慮時，它還可以促使我們集中注意力應對危險，提醒我們危險就在身邊。

那些看起來非常消極的情緒，並不是百害而無一利的。它們具有一定的警報作用，及時且必要地提醒人可能遇到的危險或可能發生的損害，並促進人們以最可靠的方式做出避害反應。

我們不需要完全把消極、負面的情緒當敵人，也不需要刻意去抗拒它。負面情緒是我們自身的一部分，同時也是我們的朋友。只是這個「老朋友」有時比較難相處，脾氣也不太好，需要我們了解它，從而更好地與其保持融洽的關係。

對於孩子來說，出現負面情緒同樣是正常的現象，父母完全不必大驚小怪，因爲我們小時候也是這樣過來的。

我們不能因爲自己已經成年、能夠有效控制自己的負面情緒，就剝奪孩子面對負面情緒的機會。相反，我們雖然不鼓勵父母加強孩子的負面情緒，但也希望父母能正視孩子的負面情緒，不要因爲這些正常的負面情緒而戴著有色眼鏡看孩子，更不能因此而否定孩子種種優秀的表現。

同時，我們也要對自己的情緒有正確的認知，不能只看到孩子的負面情緒，而忽略自己也會受負面情緒影響。

在很多案例中，我們發現，首先出現負面情緒的恰恰是作爲教育者的父母，而不是作爲被教育者的孩子。因此在這個問題上，與其試圖控制負面情緒，倒不如引導雙方正確地處理情緒，學會與負面情緒和平相處。

## 正確處理孩子的負面情緒

### ❶引導孩子正視自己的情緒

有一次，一位親戚帶孩子到我家做客，是個五歲多、頑皮可愛的小男孩。他在屋子裡跑來跑去，一不小心頭就撞到書櫃的角上，於是哭了起來。

他媽媽在一旁看到了，立刻大聲地呵斥孩子：「看你不聽話，亂跑！哭什麼哭，有什麼好哭的？」孩子被媽媽一吼，硬生生地把眼淚憋了回去，委屈極了。

我當時就制止了親戚的行爲，告訴她：「孩子一定是撞疼了，心情很不好。你這樣只會讓他更難受！」

然後我就走過去，拉著小男孩的手說：「剛剛撞疼了，你很難過，對嗎？」孩子點點頭。我又說：「你難過是正常的，如果我撞疼了，我也會難過，所以你哭並沒有錯。」

孩子聽我這麼一說，一下子哭了出來，可是不一會兒就又開開心心地玩去了。

我相信很多父母在面對孩子的負面情緒時，都會像我的這位親戚，通過否定、壓制的方式阻止孩子因情緒不佳而表現出來的「無理取鬧」行爲。

但孩子與成人一樣，也會有情緒低落的時候，也需要適當的調節和發洩。若長期壓抑壞情緒，久而久之，就會令孩子形成一種不成熟的心理防衛機制。

當出現壞情緒時，我們要做的是理解孩子，並且讓他明白，不管是高興、開心，還是憤怒、沮喪，都是正常的。

孩子只有先從內心正視自己的負面情緒，以後再出現類似的情況時他才會心平氣和地面對自己的各種情緒。

## ❷ 教孩子學會正確地表達情緒

孩子還小時，通常不能準確地表達情緒，但發怒、哭鬧等表現無疑是他最直接的情緒表達方式。不過，我們也不能任由孩子一有負面情緒，就通過發火、哭鬧的方式，來滿足自己的需求。

父母需要教會孩子正確地表達自己的情緒，比如當孩子因爲某件事沒有達到心理預期而發火時，你可以告訴他：「如果你感到不高興，就要說出來。」當孩子表達出來後，你就能判斷他爲什麼有負面情緒，繼而再幫他找到解決問題的方法。

這裡要注意的是在引導孩子表達時，你的引導語言要簡潔、平和，而不是帶著比孩子還負面的情緒來指責他，或者用帶有傾向性的評價催促他，比如：「你又哭鬧什麼？有事不能說出來嗎？」「你就是這樣，動不動就生氣。你不說出來，我怎麼知道你怎麼了？」這只會加重孩子的負面情緒，更想逃避，不願跟你傾訴。

相反，如果你用平靜的語氣詢問孩子：「能說說你今天爲什麼不開心嗎？」「可以跟我說說你怎麼了嗎？」這樣一來，孩子會感覺到你的關注和理解，也更願意跟你分享自己的情緒和感受。

當然，有時孩子不想說、不願意說，也不要指責甚至逼迫他。比如孩子說：「我就想自己待一會兒。」「我就想哭一會兒。」在不影響別人的前提下，讓他適當地發洩一下情緒也是可以的。

最後，還要注意一點，就是我們的情緒也會影響孩子的情緒，以及孩子處理情緒的方法。

如果我們一有情緒就採用不當的方式發洩，孩子會學得有模有樣；如果我們能管理好自己的情緒，即使出現負面情緒，也能坦然接納並合理釋放，那麼孩子就會從我們身上學到積極應對壞情緒的方法，從而真正做到與不良情緒和平相處，擁有正向、健康的心理狀態。

## 管理負面情緒

作爲父母，在養育孩子的過程中，我們可能經常面對各種各樣讓人焦慮、抓狂、氣憤的情境，這時一些父母就會選擇「吼」或「哄」的方式來處理孩子的情緒。然而這樣只會讓孩子的不良情緒積聚或隱藏起來，一旦有「引燃事件」，壞情緒就會再次爆發。

一個比較典型的例子是，孩子因爲一點兒小事哭鬧不已，我們耐著性子勸說、引導，就是沒效果。眼看到了要睡覺的時間，孩子卻毫無睡意，這時很多父母就會忍不住發火，對孩子又吼又叫。

因爲懼怕父母的吼叫，孩子可能停止哭泣，但他內心的負面情緒並沒有得到很好的釋放。一旦再遇到同樣的情況，就可能仍然用同樣的方式來發洩情緒。

## 提高情緒調節能力的「五步走」法則

### ❶注意自己的心跳

注意自己的心跳，它是衡量情緒的一個重要標準。人的身體中有一條自主神經系統。它分爲兩個亞系統，一個叫交感神經，另一個叫副交感神經。這條神經系統正好對應我們的呼吸：呼氣時，交感神經被啓動；吸氣時，副交感神經被啓動。

當我們受到外界刺激，心跳快到每分鐘一百次以上時，身體就會分泌比平時多得多的腎上腺素，導致大腦充血、失去理智、攻擊性增強，甚至會做出傷害他人或自己的舉動。一旦你感覺自己心跳加速、想要發怒，就說明情緒要爆發了。

此時要想緩解並釋放內心的情緒，就要激發副交感神經活動，讓它抑制心跳和抑制腎上腺素的分泌。

激發副交感神經活動最有效的方式就是深呼吸。你可以慢慢地、深深地吸氣，讓吸入的氣體充滿肺部。如果你能做腹式呼吸，在吸氣時就會感覺自己的腹部在膨脹，然後慢慢吐氣，吐盡後再吸。

這樣深呼吸幾次後，心率就會慢慢下降，焦躁、憤怒的情緒也會慢慢平息。當情緒冷靜之後，再去安撫和處理孩子的情緒，就會更加冷靜和理性。

## ❷ 認知察覺，採用自言自語的對話系統

當情緒暫時平穩，我們就可以對情緒進行深入的認知和察覺，通過自言自語的對話系統分散壓力。比如問自己：「我怎麼了？」「我出現了什麼情緒？」接著再察覺引發情緒的事件，同樣是問自己：「是什麼事讓我產生了情緒？」「我爲什麼會憤怒，想要發火？」

實際上，當你逐漸意識到這些負面情緒後，情緒可能已經緩解了大半。

## ❸ 全然接納自己和孩子的情緒

南非「人權鬥士」、諾貝爾和平獎得主曼德拉因反對白人種族主義而被監禁了二十多年。他後來說：「當我走出監獄，邁向通往自由的大門時，我已經清楚地意識到，如果不能把悲痛和怨恨留在身後，那麼我其實還生活在監獄之中。」

這句話在情緒控制上同樣適用。無論是我們還是孩子，出現消極、負面的情緒不可怕，可怕的是不知道、不理解自己和孩子的情緒，完全讓自己和孩子被壞情緒控制，這是很危險的。

面對孩子一些令人抓狂的行爲，不妨全然接納自己和孩子當下的狀態和情緒，因爲這些本來就是人的正常情緒反應。

## ❹反駁不合理認知

在情緒管理理論中，有一個著名的「ABC理論」：A表示發生的事件，B表示當事人對這一事件的看法，C是指基於這種看法而產生的個體情緒和行爲反應。

「ABC理論」認爲，引起人們情緒困擾的並不是外界發生的事件，而是人們對事件的態度、看法與評價等。

要解決情緒困擾，不應該只是致力於改變外界事件，而是應該改變自己的認知，通過改變我們對這件事不合理的認知，進而改變情緒和行爲。

當負面情緒出現後，重要的是改變我們對這件事的看法和認知。

那什麼樣的認知屬於不合理的認知呢？一般來說有兩種：絕對化要求和災難性思維。

絕對化要求是指我們在看待一件事時，總是以自己的意願爲出發點，認爲某件事必定發生或不會發生，它通常與「必須」「應該」這類字眼聯繫在一起。比如你認爲孩子必須在你規定的時間內完成作業，你要求孩子必須在晚上九點前上床睡覺，你覺得孩子應該多吃青菜、少吃肉等。一旦事情走向與你的絕對化要求相悖，我們就難以接受和適應，繼而陷入情緒困擾。

災難化思維是指把事物可能產生的後果想像、推論到非常可怕，甚至是災難的境地。如果一直堅持這樣的信念，那麼當看到糟糕的事情發生時，就會陷入極度的負面情緒體驗。

比如看到孩子很晚還沒有完成作業，就斷言如果孩子這拖拖拉拉的毛病改不了，長此以往，連基本的睡眠都沒法保障。其實這就是災難性思維促使我們做出的一些不科學、不合理的判斷。

要避免以上這兩種不合理的認知，一個有效的方法就是學會反駁。比如當我們有了上述這些不合理的想法後，就及時在心中自我反駁：

・孩子不認眞寫作業是不對的，但我不能因爲他犯錯，就讓自己也犯錯。

・雖然我很生氣，但如果我對著孩子發脾氣，並不能讓他更快地完成作業，只是讓我自己一時痛快，釋放了一點壓力而已。

・如果對孩子大吼大叫，我就會把小事變成大事。如果孩子開始哭鬧反抗，局面只會更糟糕。

通過這種對不合理認知的反駁，我們的情緒就會平靜下來，從而避免與孩子因爲某件事發生爭吵，加重彼此的負面情緒。

## ❺選擇積極的行動

通過上一步的自我反駁，我們就能清楚地看到一些錯誤行爲可能引發的後果，然後相對冷靜、客觀地面對當下處境，再去尋找有益的方法來解決問題。

比如我們可以這樣想：「孩子做事拖拉是不對的，但除了故意磨蹭、拖拉外，有沒有可能是因爲在課堂上沒聽懂，遇到了不會做的題目呢？」這時我們再去與孩子溝通，問他是否需要幫助。如果有，那麼就找到了孩子拖拉的根源；如果孩子表示沒有不會做的題目，那麼他可能有些習慣性拖延，這時再詢問他爲什麼這樣做：「是覺得寫作業沒意思，還是就想多玩一會兒再寫？」

當你不帶負面情緒與孩子溝通時，他的壞情緒也會得到一定的緩解，也會不再故意與你對著幹，而是更願意說出內心的想法。

這種用了解、接納孩子情緒的方法，代替吼叫、責罰的方式來面對問題，也會讓孩子感受到父母是願意理解他、幫助他的朋友，而不是動不動就教訓他的「敵人」。

總之，當父母以解決問題，而不是發洩情緒的態度對待孩子時，親子關係就會更加密切，而孩子也會從父母的言行中學到更多科學地處理問題和管理情緒的方法，並逐漸爲己所用。

## 構建正向的社會情緒

情緒一方面有自然演化來的天賦，同時也在人類的社會生活與經驗中得到了建構，否則我們就成了情緒的奴隸。

人類的情緒，無論是大人還是孩子，都是自然的生物天性與社會環境影響共同作用的產物。

特別是當大量的個體情緒構成了某種普遍的社會情緒，而社會情緒又反過來加劇了個體情緒程度的時候，我們就必須正視這個問題。

社會不是演化論產生的，而是人類的傑作，並且是集體的、歷史的、文化的傑作。

雖然個體的心理狀態並不能完全從情緒上窺得一斑，但不可否認的是，情緒是心理狀態最容易從外部觀察到、體驗到和測量到的。這一觀點，對於社會上的每個人來說都是成立的。

## 個體情緒透過心理感受構成「社會存在感」

人終其一生都在與世界、他人、自我的關係中發現、確立自身切實的存在感。存在感與內心的深層焦慮是息息相關的，而這種焦慮來自生存、生活與生命三個層次的需求。存在心理學家認為，這種觀點符合馬斯洛提出的「需求層次理論」。

根據存在心理學的理論邏輯，存在感要透過一個人的安全感、獲得感、幸福感、歸屬感等源於內在對存在意義與價值的渴望而豐富起來。

為了保證存在，人的自然選擇所形成的生物性特徵造就了明確的「趨利避害」的人類腦神經結構與激素分配規律。而社會性存在客觀要求又把人類這種對社會的適應與參與，作用到了人類的文化遺傳基因之中，從而讓人們在保證基本生存的前提下，不斷向著更高的美好生活需求進發，而美好生活的需求最終必然會通向真正的幸福，這種邏輯表述讓我們將視野從個體心理轉向了社會心理。

其一，個體心理學與集體心理學或者說社會心理學是不一樣的。

其二，個體心理學雖然是基於個體的科學研究，但由個體組成的群體、群體與群體構成的更大群體及社會，其社會心態雖然不能一一對應於個體心理學的範式與解釋，但是一定會有一些普遍性的心理與情緒，可以在社會層面被我們觀察與測量評估。

其三，無論是個體心理學還是社會心理學，我們運用這些科學的目的當然可能是探索本質，但更現實的選擇則是通過科學塑造更加幸福的人生與社會。

有人曾經批判心理學將自己的使命定義爲「造就精英」「構建幸福」「緩釋創傷」這三個概念，但無論是哪一種心理學，其最深切的關懷都是人類的幸福與平安。哲學與科學共同誕下了現代心理學這個孩子，它天生就具備哲學與科學的內在精神——追求眞理與智慧，探索本質與根源，發現意義與價值，建立理性與實證。這樣一門學科，我們完全可以說它能夠造就精英、構建幸福。

爲了說明個體心理（心態）與社會心理（心態）的異同，我們可以沿著「積極的社會心態」—「社會心態的心理感受」—「心理感受表現出的情緒」這個邏輯，建立一個可以應用於當前生活與社會實踐的邏輯框架，我用圖一來表示這個框架。

藉這個理論架構，我們可以對表像層面的社會情緒（或稱社會性普遍的情感）通過「安全感」「獲得感」「幸福感」等基本的心理感受構成的「社會存在感」來體現。

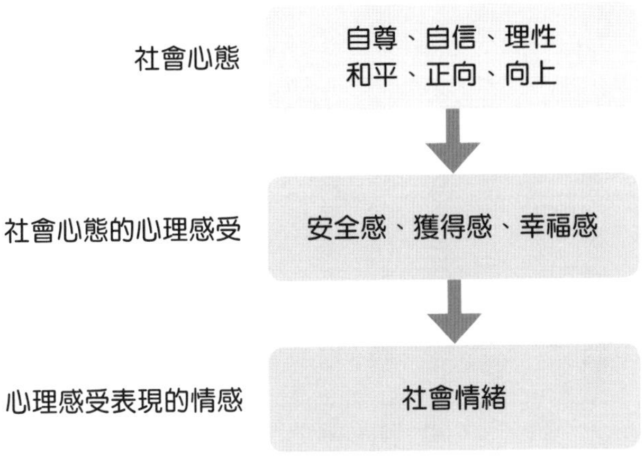


圖一　正向社會心態

事實上，個體的存在感整合和群體也形成了相應的社會存在感。一方面，社會存在感給個體存在感提供了豐富的場所，同時也由於其整體性，形成了社會學性質上的超越個體存在感的一個具有獨立特徵的整體社會性氣質的展現。

這種展現體現於民族與文化傳統，就形成了一個民族的「文化心理結構」；體現於社會，便形成了整個社會的「心理價值取向」。而這種整體社會的心理價值取向廣義上來說就形成了社會心態。

通過對社會情緒的觀察、測量、把握與控制，可以滿足社會民眾的安全感、獲得感與幸福感這個邏輯進階的需求，並且經由這種滿足而形成一個穩定的社會存在感狀態，從而形成一個穩定的社會心態。

歸根結底，這一切都是以「幸福」爲目的的，這也是人類的終極追求。

## 共同構建積極的社會情緒

正向心理學之父、美國心理學家塞利格曼就曾經提出了著名的「幸福五元素」（PERMA）。他指出，幸福是由若干可測量的元素組成的，每個元素都是眞實的、可培養的；每個元素都能促進幸福，都對幸福有所貢獻，但沒有一種元素可以單獨定義幸福。

「幸福五元素」認爲，一個人想擁有蓬勃人生，就必須有足夠的「PERMA」。這五個字母分別代表幸福人生的五個元素——正向情緒（Positive Emotions）、全心投入（Engagement）、正向關係（Relationships）、生命意義（Meaning）和成就感（Accomplishment）。

「幸福五元素」認爲，人類的美德與品格優勢是獲得幸福的五個元素的基礎。一個人只有運用最強的優勢，才可以獲得更多的正向情緒、更多的意義、更多的成就以及更好的關係。

我們人生做出的各種選擇，就是爲了盡量得到這五個元素。你可以在生活中有更多的正向情緒；你可以在工作中或與你愛的人在一起時更投入；你可以有更多的正向關係；你可以有更多的人生意義；你也可以取得更多的成就。

據此，我們大致可以為當下社會心態建設提供一個比較簡單的思維邏輯。正如圖一所示，我們需要將具體的積極社會心態標準落到幸福的建構上來。同時，我們也需要將社會幸福建構到正向社會心態上去。

總而言之，無論是對於個體還是社會，情緒都是一個最好也最直接的入口。當我們理解了情緒的眞諦，無論你持有哪種情緒觀與幸福觀，其實都已經在為自己和這個社會提供正向的力量了。

最為關鍵的是，我們經由情緒能夠知道教育中為什麼存在這麼多焦慮。很多時候，這些焦慮正如我當年畢業求職時所產生的焦慮，都是我們因不了解某些事件的影響而產生的。

## 親子遊戲・你來比畫我來猜

與孩子一起做一份情緒表格，上面寫出各種情緒詞語，如生氣、憤怒、開心、興奮等。

請爸媽其中一人當裁判，讓孩子比畫情緒表格上的情緒，大人來猜；再交換一下，大人比畫情緒，讓孩子來猜，看看在兩分鐘的時間內，誰猜對的情緒詞語最多。對猜對多的一方給予獎勵，對猜對少的給予懲罰（可自行設定獎勵或懲罰方式）。

採訪一下猜情緒詞語的孩子或另一方，是通過哪些方法發現對方比畫的情緒的？比如是通過面部表情、肢體語言、語氣語調，還是通過眼神、說話內容等。再請孩子說一說，在平時的生活中，準確地識別他人的情緒是否重要，以及原因。

第三章

# 心理韌性，給孩子一顆強大的心臟

美國心理學會提出，心理韌性是個體在面對生活逆境、創傷、悲劇、威脅和其他生活重大壓力時良好的適應能力，也是一種能從困難中恢復過來的能力。

心理韌性強的孩子通常能夠和除父母之外的成人，和關心他們的人產生強烈的社會支持聯繫和感情聯繫。

## 培養不輕易言敗的孩子

二〇二〇年十一月三日下午，第二十五屆三星車險杯世界圍棋大師賽三番棋決賽的第二場比賽進入最後的決勝階段。參賽選手是中國二十三歲的棋手柯潔九段，另一位是來自韓國、年僅二十歲的申眞諝九段。

巨大的比賽壓力讓雙方一改平時滴水不漏的狀態，在對弈中出現了不少失誤。此時，棋局變得更加膠著，棋盤也越來越小

### 大棋士的顚峰對決

申眞諝九段是最近幾年迅速崛起的一顆棋壇新星。特別是在過去的一年中，其戰績無比顯赫，在各項國內國際大賽中所向披靡，全年下來以高達九三%的勝率成爲該年度圍棋界的一個神話式人物。

要知道，他的對手個個都是叱吒風雲的大棋士，且其中絕大部分都處於自己職業生涯的顚峰時期。這個近乎神話般的勝率，足以使他成爲人類圍棋歷史顚峰之上的那個人，而此時的他，年僅二十歲，也因此很多人說申眞諝九段一統天下的時代已經到來，柯潔九段將成爲明日黃花。

此次不被看好的柯潔九段同樣不容小覷。同一般圍棋選手低調內斂的風格完全相反，柯潔九段在場上總是意氣風發，甚至有一些「飛揚跋扈」之態。

他不僅有圍棋天賦，更有年輕人最爲可貴的強大自信，與越到關鍵處越處變不驚的強大心理素質，這也使他像得到了上天眷顧一樣，年紀輕輕就拿下了七個世界冠軍。很多人說柯潔運氣好，但他從來都相信「強者運強」。

在這次比賽中，很多人之所以不看好柯潔，主要有以下幾個原因。

第一，柯潔這一年的勝率比申眞諝低。

第二，不久前柯潔在「應氏杯」四強戰時犯下低級錯誤，輸給了另外一名中國高手謝科，狀態不夠穩定。

第三，很多人不認同、不接納柯潔「飛揚跋扈」的性格與「激烈的言詞」。

第四，該屆「三星杯」是圍棋歷史上第一個全部由網路決出冠軍的比賽。在網路上下棋，棋手不像實地對局時會受到現場對局室氣氛與對方表情、動作、聲音等多方面的影響，而柯潔在現場比賽中的各種動作與表情、聲音等，是公認的對對手有很大殺傷力的有效武器。

因此在比賽之前，大量資訊都預示著這次比賽對柯潔來說難度更大。

一天前的早晨，兩位天才進行了第一盤決賽。

棋局進展得很慢，黑白雙方每一子的落下都無比慎重。越是重要的比賽，越會對選手造成巨大的心理壓力。而且這種壓力會在對局過程中不斷地影響著人們的判斷與計算，平時熟練而嚴密的思維很大程度上將會因壓力而大打折扣。場內場外的各種因素，以及對局者心態的即時變化，使得圍棋比賽充滿了不確定性與觀賞性，這也是圍棋比賽最大的魅力所在。

第二十一手，輪到執黑的申眞諝落子。經過長時間的思考之後，電腦螢幕上的第二十一手居然落在了完全不相關的一路上，這使得黑棋的勝率一下子從八〇%滑落到一〇%。

其實這是申眞諝用電腦下棋時，滑鼠線不小心碰到了觸控板，於是就出現了一個「一路落子」的意外。

不過，「三星杯」的比賽規則規定，如果出現意外情況，選手沒有第一時間向主辦方及對手申訴，棋局就要繼續下去。當第二十一手出現時，通過網路直播，我們可以看到，申眞諝處於一種「極度懵」的狀態。

他沒有第一時間找工作人員正常申訴，也沒有向主辦方提出任何實質性的補救措施。另外一邊的柯潔，面對突然從天而降的「餡餅」，剛開始的反應也是不敢相信，但他迅速恢復到正常對局的狀態，把意外事件的影響降到最低。幾手後，棋盤上呈示，申眞諝的黑棋勝率達到二二％。

根據圍棋ＡＩ（人工智慧）的分析，此時棋盤上雙方還沒有下到三十手，距離定論一局棋的勝負還爲時尚早。事實上，在歷次大賽中，低於二二％勝率的棋最後逆轉翻盤的不在少數。

也就是說，雖然申眞諝不經意間犯了一個巨大的序盤錯誤❶，但棋局遠沒有到絕望的程度，甚至可以說還是很有希望的。

遺憾的是，申眞諝顯然沒有做好心理準備。在接下來的進程中，他一直受之前滑標的影響，失誤一個接著一個，結果這局棋只進行了一百二十手就草草結束。

人們在無比同情申眞諝的意外滑標之外，也對申眞諝脆弱的心理狀態頗感遺憾。正像解說員評價這一局棋時說的那樣，申眞諝這一局雖然遭遇了「天災」，但棋局尚早，而且柯潔也受優勢心理影響，讓黑棋的勝率馬上回到二十％以上。可是之後申眞諝走的幾手不合理的棋，就屬於「人禍」了。

帶著一比零的比分，一天後，兩個人又坐在了各自的電腦前，接著我們就看到了本文開頭時的一幕。

第二局比賽，沒有再次出現滑標事故，但從棋局的進程來看，申眞諝的確實力強勁，在開局階段就占據巨大的優勢。之後進入中盤，柯潔妙手連出，一舉扭轉了局勢，並且將自己的勝率提高到八〇％以上。一切似乎都預示著柯潔將再一次兵不血刃地拿下比賽。

但是，進入收官階段之後，風雲突變，柯潔一步「黏」的大惡手，誤算了白棋之後強烈的反擊手段，迅速將黑棋推向即將失敗的泥淖。

一串操作之後，柯潔的黑棋勝率已經低於一％，而且與第一局申眞諝的情況相比，這時柯潔的局勢更是失之毫釐，棋盤上幾乎已經沒有什麼空間可以施展。連現場解說員都已經放棄希望。

巧的是，就在這個關鍵時刻，申眞諝又開始犯錯了。他在柯潔的拚命強攻之下瞻前顧後、舉棋不定，造成白棋連續失誤，讓柯潔則在絕境之中，又一點點縮小差距。

柯潔強大的戰鬥力與申眞諝幾個微小的計算失誤，徹底摧毀了申眞諝最後的心理防線，幸運女神再次站在心理更強大、精神更堅韌的強者一方。柯潔以圍棋盤上最小的優勢——半目勝出！

這個半目和之前一局的滑標，充分展現了兩位對局者在面對順境與逆境時心理狀態調整上的巨大差異。

首先，柯潔能在幾乎沒有任何機會的絕境下以〇．九％的勝率逆轉局勢，獲得勝利，申眞諝卻在勝率還有二〇％、棋局還有太多可能性時早早崩盤。

其次，柯潔能在揮霍掉巨大優勢之後迅速冷靜下來，重新進入精力更加充沛的戰鬥狀態；反觀申眞諝在巨大的優勢之下，想贏怕輸，猶豫不決，失誤之後，遲遲走不出懊悔的狀態，最後導致大優出局。

在賽後的記者採訪環節，柯潔保持了他一貫的「囂張與霸氣」。當記者問他如何評價對手時，他說：「很感謝申眞諝，一直送給我勝利。我和他下了七、八盤世界大賽，好像一直在贏。是申眞諝不停地讓我證明自己。我想超越自己。如果我一直保持這種狀態，我不會輸給任何人，我也不會比任何人差。面對『申工智能』❷，除了感謝，還是感謝。小申的戰績已經驃悍到沒有人能贏他的地步，但我是不會比他差的。只能說，他有些地方還需要提升一下。所以，還是要對小申說，『你要再努力一些』。」

柯潔的這段話的確很「囂張」，但這就是強者與勝利者的主權宣言。

在這件事情上，我十分欣賞柯潔的表現。不僅因為柯潔是清華學生，作為清華大學教授自然有些愛屋及烏，更是因為我認為一個剛剛二十三歲的青年，血氣方剛，並且當之無愧地站在了世界圍棋的顛峰，是有這個資格「囂張」的。

## 心理韌性的重要性

柯潔就像他在圍棋世界裡所展現的那樣，從來不會因為逆境而輕言放棄，一定要戰鬥到最後一手棋。在他身上，我們看到了一個年輕人特別可貴的「心理韌性」。

在英文中，「心理韌性」的單詞是「resilience」，原意指物體受外力彎曲或變形之後能夠很快恢復的能力，也可以說是一種心理免疫力，是一個人在面對挫折、困境時能夠從容應付、堅持不懈的能力。

美國心理學會對心理韌性做出了一個相對明確的定義：是個體面對生活逆境、

創傷、悲劇、威脅，以及其他生活重大壓力時的良好適應能力，它意味著人可以從困難中恢複過來，也有人將這種「心理韌性」稱爲「逆商」。

正向心理學的研究表明，一個擁有強大心理韌性的人，是有著生存與競爭優勢的。因爲一個人隨時都可能遇到困難，這時能主動尋找辦法戰勝困難的能力就顯得彌足珍貴，這點在清華大學心理學系的「優秀學生核心素養」的追蹤研究中也得到了佐證。

清華大學心理學系的幾位研究人員長期跟蹤清華大學的創新教育模式。這個創新教育模式是指清華大學享譽世界的「錢」班、「姚」班、「學堂班」等培養精英人才的新的教育實踐與探索。

這是錢學森、姚期智等知名科學家宣導發起的，旨在培養新時代優秀創新人才

注：

❶序盤是圍棋最開始的階段，也叫布局階段，通常指前五十手，也有比較早進入中盤階段的。一局圍棋，可以分爲序盤（布局）、中盤、終盤（官子）三個階段。序盤錯誤指序盤階段下了錯棋。

❷因爲申眞諝的技術熟練到與ＡＩ的擬合度極高，所以被棋界稱爲「申工智慧」。

的教育計畫，多年來培養了大量品學兼優的學生。在過去十餘年間，一批批最爲優秀的清華學子在這裡學習、成長並走向更廣闊的社會。

科研人員在調查了他們的成長與發展軌跡後，對他們進行了全面的測評與跟蹤。結果發現，那些能在畢業後長期保持競爭力，取得更大人生成就的學生，除了具備超常的智力因素之外，還至少擁有十項積極的品格優勢與美德，其中就包括開放性、同理心、堅韌、堅持、勇敢、感恩、包容、人文價值取向等。

其中與心理韌性直接相關的居然就有三項，分別爲堅韌、堅持和勇氣，同理心與開放性則是與心理韌性間接相關的。

心理韌性是一項特別重要的人格內容，與我們的智力水準、情緒水準一樣重要，其體現了一個人處理困難問題的能力和水準。

孩子在成長過程中，會不可避免地遭遇困難、挫折，而能夠承受並戰勝挫折，保持完整的人格和心理的平衡，才是心理健康的重要標準。

## 心理韌性，孩子的心理免疫力

「三星杯」結束後，人們對這次比賽關注的熱度一直不減。其中非常重要的一個原因，就是對比賽雙方的心理狀態進行了持續的討論，話題的焦點也集中在面對逆境與突如其來的挑戰時的心理調整能力上。

究竟心理韌性對於孩子的成長和未來人生又有哪些意義呢？

### 與生俱來的心理免疫力

心理學認爲心理韌性是一個人與生俱來的免疫力，並且年齡越小，心理韌性越強，這一點只需從孩子學習吃飯和蹣跚學步的表現就能清楚地觀察到。

如果你觀察一個一歲左右的孩子，就會發現他不斷地借助身旁的任何東西試圖站起來，哪怕不斷跌倒、甚至摔痛，哭一下後仍然會試著站起來，直到能夠獨立地站立、行走，這就是孩子強大的心理韌性天性在發揮效用。

在孩子成長的整個過程中，心理韌性天性無時無刻不在發揮著作用。它幫助孩子建立起行動的能力、堅持的能力、學習的能力與接納的能力等。

美國加州大學戴維斯分校的兒童心理學家艾美・維納（Emmy Werner）曾做過一個非常有意義的研究——「可愛島實驗」。

艾美對居住在夏威夷群島中「可愛島」的兒童做了一項長期追蹤研究：對整座島上於一九五五年出生的六百九十八個嬰兒進行分析調查。

可愛島的生活條件非常差，在這六百九十八個孩子中，許多孩子都跟隨酒精成癮和有精神疾病的父母成長，其中不少父母更是連工作都沒有。

艾美發現，在非常不利的環境下成長起來的孩子們中，儘管有三分之二的孩子在青春期出現了很多問題行爲，比如酗酒、濫用藥物、未婚生子等，但仍然有三分之一的孩子沒有表現出這些問題。

他們展現出了良好的適應能力，而且長大後也比那些表現出問題行爲的孩子更具個人優勢，獲得成功的機會更多，生活得也更好。

艾美將這些沒有表現出問題的孩子稱爲「有心理韌性」的孩子。也就是說，與那些沒有心理韌性的孩子和家庭相比，這些孩子和他們的家庭更容易度過逆境，獲得人生的成功。

「可愛島實驗」的結果讓我們看到，即使是從困境中成長起來的孩子，未來也可以變得很優秀、擁有卓越的人生，而改變他們命運的，就是他們的心理韌性。這些孩子並沒有因爲後天的糟糕環境而變得頹廢不堪，相反，他們卻成長得非常出色。

## 走出「挫折教育」的誤區

這樣的報導：某個孩子因爲遇到一點小挫折，比如被父母或老師批評，或者與同學發生爭執，就做出很極端的反應，如離家出走、校園暴力、拒絕上學甚至輕生等。

實際上，這些問題被發現時，往往已經比較嚴重了。如果我們了解這類孩子的成長經歷，就會發現很多極端的現象都是有機會避免的。

父母要麼就對孩子過度溺愛與放縱，甚至到了孩子說什麼是什麼、要什麼給什麼的程度；要麼對孩子進行嚴厲的管教與控制，甚至到了嚴苛的程度。

無論是寵溺還是嚴苛，都不是正確的教育方式，會在很大程度上決定孩子以什麼樣的價值觀與行為方式與這個世界相處。

當然，越來越多的家長也慢慢意識到溺愛孩子帶來的弊端。對於絕大部分在嬌慣、溺愛環境中成長起來的孩子來說，他們在生活中很少會經歷挫折，所有的願望往往都能被滿足，所以遇到一點不順心、不如意的事就接受不了地大哭大鬧，甚至崩潰。

面對孩子的這些表現，家長們也在不斷反思自己的教育方式。

嚴厲一些會不會更好呢？比如有一些家長說：「我們對孩子要求很嚴格，我們還刻意創造一些讓孩子吃苦、受罪、遭遇冷眼與懲罰的機會，這就是挫折教育，這不就是在培養孩子的心理韌性嗎？」

這些家長完全錯誤地理解了「挫折教育」或「心理韌性培育」的概念與本質，更不要說運用正確的方式方法了。

在這種環境下成長起來的孩子，很多都會呈現一種極度壓抑、有暴力傾向、冷漠、孤獨與疏離的狀態。他們雖然比嬌生慣養的孩子更能忍受外界的批評與責罰，但也更容易鑽牛角尖或表現出極度的自以為是。

心理韌性相當於人類面對困境與挫折的一種心理免疫系統。既然是免疫系統，那麼正常的心理韌性水準就應該體現在面對困難與挫折時，不斷對自己的行為與認知邊界進行突破，從而不斷地解決問題、走出困境。

眞正的挫折教育，應該是放手讓孩子自己去感受生活，在這個過程中，他們會不可避免地遇到困難。

家長要做的，既不是過度保護孩子，也不是對孩子的困難置之不理，而應該和孩子一同面對困難，給予孩子情感上、認知上、思維方式上的全方位支援。通過家長的支持、引導，幫助孩子形成抵抗挫折的能力和信心，這才是挫折教育的核心。

## 心理韌性成就四種優勢

正向心理學家和教育心理學研究表明：心理韌性強的孩子更自信、性格更樂觀、目標更堅定、意志力更堅強、同時人際關係也更好、更有領導力，未來的生活也更容易美滿幸福。可以說，具有強大心理韌性的孩子能在逆境中更好地發揮自己的潛能。

心理學家約翰．波拉德（John Pollard）就曾提出，有四種個人優勢屬於心理韌性積極發展的結果：

## ❶社交能力強

社交能力包括建立積極人際關係所需要的品質、技巧和態度等。

社交能力強的孩子，通常會呈現出友善的特質，能夠引發他人的積極回應，並擁有良好的語言表達能力。

這樣的人，總是可以通過恰當的方式表達自己的訴求，並對他人表現出同理、寬容的態度，因而也更容易得到更多的關愛和支持。

## ❷問題解決的能力突出

具有較強心理韌性的孩子，總是會積極主動地做事，並且堅韌靈活，遇到困難也不輕言放棄。同時他們還善於運用批判性思維，並能針對各種問題提出富有意義的見解。

## ❸自主精神明顯

心理韌性強的孩子，自主性也很強，表現爲自我意識強、積極的自我認同和對力量的感受等。

這樣的孩子通常喜歡獨來獨往，並對環境具有很強的控制感。同時他們也更相信未來，對未來充滿信心和希望，也能更積極地面對生活中出現的困難和挫折。

## ❹目標感鮮明

心理韌性比較強的孩子，也對未來更加憧憬，對未來有計畫、有信心，並且也相信未來會更好。這會促使孩子快速地擺脫逆境的陰影，成爲人生贏家。

很顯然，以上四種優勢呈現了遞進關係。孩子首先要具有較強的社交能力，才能解決自己面對的問題，繼而在解決問題的過程中體現自主精神，之後爲自己樹立明確的目標，追求更高的人生價值。

孩子在這個不斷提升自己的過程中，不僅心理韌性會逐漸增強，強大的心理韌性所帶來的進步也顯而易見。

## 心理韌性形成的三要素

儘管每個人都具有堅韌的潛力，但卻需要得到後天的促進和培養才能發揮出來。國際抗逆力研究計畫（International Resilience Research Project，IRRP）曾就心理韌性的形成方式和其影響因素進行了研究。其中一項研究就是：父母、其他關係親密的人及孩子自己要怎麼做，才能增強孩子的心理韌性。

研究者得出的結論認爲，以下三個方面可以在一定程度上幫助孩子形成和增強心理韌性：

### 「我有」

「我有」（I Have）主要指的是孩子從家庭或社會環境中獲得的心理安全感，比如來自父母或其他長輩的鼓勵、良好的同伴關係、安全的校園環境等，可以從以下三個方面做起：

## ❶與孩子建立親密的聯結

在孩子的成長過程中，能有並且至少有一個成年人與孩子建立親密的連結，並能爲孩子提供穩定的照料和有效的情感關注，給予孩子一定的理解和支持，這些可以在一定程度上增強孩子的心理韌性。

## ❷給予孩子適當的期望

家人能夠看到孩子的優勢和天賦，而非只關注他們的問題和不足。

孩子的優勢得不到發揮，是教育的失誤；如果家人不能發現孩子的優勢和天賦，那就是失敗的教育。每個新生命都是帶著使命、天賦和優勢來到人間的，而能不能順應天賦成長、發展，不僅取決於生命本身，還取決於父母的養育方式。

如果父母能抱著欣賞、認可的態度看待孩子的長處，並給予孩子明確的期望，順應孩子的優勢培養，那麼孩子就會變得自信、堅定而卓越；相反，如果父母看到的只有孩子的缺點和不足，並且不斷批評、指責，那麼孩子就會陷入深深的自卑，對外界的一切都缺乏信心，甚至覺得自己就是個失敗者，隨便一點小挫折就可能將他擊垮。

## ❸多為孩子提供參與各種活動的機會

要讓孩子有機會與他人多接觸，並建立聯繫、發展興趣，從中獲得寶貴的生活經驗。而且作爲各種活動的參與者，他們也擁有決策、計畫和幫助他人的機會。

有些父母錯誤地認爲孩子還太小，什麼都不懂、也管不住自己，帶孩子參加活動總會給別人添麻煩，自己也沒有面子，所以很少帶孩子參加活動。

這種做法是十分不正確的。孩子天性中自帶強烈的參與動機與學習動機，正是通過這些參與和學習慢慢建立相對比較完整的世界觀與親社會觀念。

每個人都是從孩童時代走過來的，在童年時期都會很渴望參與。我們應該給予更多的寬容，就算在活動中孩子出現了「丟臉」的行爲，也是完全可以理解與接受的。如果孩子缺乏這樣的機會，就很難形成親社會行爲。

人生發展要素缺乏是很多孩子社會性能力不足的重要原因。正因爲「缺乏」，所以孩子長大後會下意識地想「彌補」或「替代彌補」。

長期處於某種匱乏狀態的人，都會在心理上或多或少地產生某種深層次的挫敗感與無助感，如果這些挫敗感與無助感日積月累，就會變成健康心理的障礙。

## 「我是」

「我有」指的是擁有或不缺乏，而且這種「我有」主要是針對個體與外界事物的所有關係，「我是」（I Am）則通往內在。

一個建立「我是」觀念的孩子，在他的心裡，「我」就是一個完整的整體，「我」就是那個本來的擁有者。「我是」自己的主人，也因此擁有掌握自己的絕對理由。

「我是」強調的是主觀的自我認同感與自我肯定，是比「我有」更加強大的自信與內驅力。如果說「我有」會有缺乏的時候，那麼「我是」則在一個更高的層面上接納自己的一切都可以是那麼美好。這就需要孩子從小對自己的內在價值觀，如自控力、自主性、堅定的信心、自我成就感等，建立正確的認知。

心理韌性強大的孩子，都會有對與錯的意識，他們會表現出一種很強的同理心。這樣的孩子通常能夠堅定地肯定自己的重要性，也會主動關心和幫助身邊的人。

當然，孩子要做到這些，需要父母和家人平時細心地呵護孩子的自尊心，培養自信心，幫助孩子形成良好的自我形象，讓孩子從小就對自己產生積極、正向、強大的自我認知。

過於嚴苛的教育不僅不能幫助培養心理韌性，還會一次次傷害孩子的自尊心。一個缺少自尊，把自己認定爲「沒出息、被人罵不上進、不優秀的孩子」，又怎麼能夠同情他人、接納自己呢？

## 「我能」

「我有」表現了孩子與資源的關係；「我是」表達了孩子與自我的關係；而「我能」（I Can）則體現爲孩子與主觀能動性之間的關係。

孩子在成長過程中，通過與他人的互動交流，會逐漸明白哪些事是自己能做的、哪些事是目前還做不到的，以及什麼事是自己不能做的。這些都需要孩子在不斷經歷、不斷探索中洞悉。

有些父母覺得孩子小、沒有能力，所以事事幫孩子包辦。雖然父母這樣做能幫助孩子解決許多難題，避免孩子受傷、發脾氣、哭鬧等，但同時也剝奪了孩子感受自我力量、探究解決方法和體驗成功喜悅的機會。

與此同時，孩子在面對挫敗時哭鬧、發脾氣的表現並不是什麼壞事，反而是一種鍛鍊自己、審視自己與外界關係的嘗試過程。

如果因爲孩子哭鬧就降低對他的要求，或者馬上替孩子解決，那樣就會使孩子無法分辨什麼是他應該做的或可以做的。

孩子不可能永遠待在父母身邊，他們必須面對外部世界的各種關係。那時，一個無法正確分辨能或不能、爲與不爲的孩子，又如何能贏得別人的信任呢？把孩子當成白紙或空罐子、凡事包辦的父母，美其名是怕孩子受傷，實際上對孩子的傷害更大，這種影響甚至會貫穿孩子的整個人生。

科學研究表明，孩子正是通過生活中的一件件小事、一點點小困難，逐漸形成自信心、獨立性、思考能力和堅持精神的。這些都是構成心理韌性的必要因素，並最終成爲伴隨孩子一生的「隱形的翅膀」，使其在長大後面對更大的挫折和困難時，同樣無所畏懼。

## 提升心理韌性

在前文的可愛島實驗中，研究者艾美除了發現心理韌性與孩子成長的關係外，還有一個重要發現——貧困的家庭本身對於孩子來說，也是一種壓力和逆境。

大量的研究表明，貧困的父母在家庭中，會以經常向孩子表達溫暖的關懷，為孩子提供情感支持；坦誠地表達對孩子的期待，而不是苛刻地對待他們；定期舉辦家庭聚會；對金錢和娛樂保持正常的價值觀等，來培養孩子的心理韌性。有一篇文獻描述道：「在貧困家庭中展現出心理韌性成長起來的孩子，他們獲得了顯著的支持，這使得他們在進入社會後會做得更好。」

一個「遇事不怕事」的孩子，未必有強大的後臺，但一定有堅實的後盾，那就是家庭成員無條件的關注和支持。滿滿的安全感就像一把保護傘，可以幫助孩子隔離恐懼、沮喪等負面情緒，使他們迅速離開孤立無援的困境、快速適應環境，找到解決問題的方法。

這裡需要注意，「無條件」並不是沒有條件或不限定條件，而是在合理的規則設定之下，盡可能地給予孩子最大的愛與尊重。事實上，任何成功的教育，都是無條件的愛與有條件的愛在實施過程中辯證平衡的結果。

此外，如果孩子周圍的社會環境也重視教育，凡事都有清晰的結構和明確的規則，孩子在校內外都能獲得積極的指導，那麼社會也可以成爲增加孩子心理韌性的重要陣地。

## 提升心理韌性的三項條件

### ❶多給予孩子關注和支援

有研究發現，在孩子成長過程中，只要有一位家長讓孩子感受到自己被關心、被支持和被理解，就可以幫助孩子對逆境與挫折。

哪怕是曾經遭受創傷的孩子，如果有正向的家庭環境，也能夠提升孩子的心理韌性，讓孩子用更正向、更積極的態度面對各種困境和壓力。

我有一位朋友，他的孩子從小到大一直很優秀，不但學習成績好，各方面的才藝也十分出眾，幾乎沒經歷什麼挫折。

後來這個孩子考上了一所名校，可進入大學後他才發現，原來自己在同學中間是十分普通、渺小的，甚至處於接近墊底的位置。這一現實讓孩子產生了巨大的心理落差，覺得自己比不上別人，還鬧著要退學。

朋友了解孩子的情況後，既沒有責備他，也沒有直接答應他退學，而是在跟孩子深入交談幾次後，給孩子在校園內聯繫了一個公益專案，鼓勵孩子去嘗試，並且表示非常相信孩子可以做好。

從那以後，這個孩子就在父親的支持和鼓勵下，慢慢地把自己重新調至歸零狀態、接受失敗，接受普通的自己，一切重新學起。在這種心態的影響下，孩子竟然慢慢變得堅強起來，學習也步上正軌。

可見，很多時候孩子並不是不能接受挫折和失敗，只是從小到大聽到的表揚太多了，對自己的能力缺乏正確的認知。也就是環境中的假象掩蓋了眞相的顯性表現。

如果因爲這方面的判斷失誤而給孩子造成一定的傷害，父母就要成爲孩子最堅強的後盾，給予孩子一定的關注和支持，讓孩子從父母那裡獲得力量，進而有足夠的勇氣處理自己面對的難題。

在孩子心中，父母永遠是自己最親近的人，也是永遠最值得信任、無論如何都接納他們的人，這種力量是其他人無法給予的。

雖然有些孩子表現出對父母不滿，但內心深處仍然渴望得到來自父母的溫情與擁抱。只是由於種種原因，孩子不太相信父母能像自己所期待的那樣對待自己，才故意用這種方式，將渴望與失望轉化成一種類似絕望的狀態。

在我看來，從來沒有絕望的孩子與絕望的教育，只有深藏在心底的對愛、對關注的渴望。

## ❷愛與溫暖是發展心理韌性的推動力

孩子的心理韌性是在童年時期養成的，而家庭教育的成功與否，取決於家人在一開始是否給予孩子充足的愛與溫暖。

家人憑藉愛的直覺對孩子發出一些關鍵信號，如對孩子的哭泣、悲傷、沮喪等情緒做出及時的回應，讓孩子建立對親人的原始信任。

這種原始信任會有效幫助孩子發現自己所擁有的外在支持，使他們因此而更有安全感和自信心。孩子日後在面對挫折時，也會感覺自己背後擁有堅實的依靠，也更加勇往直前。

當孩子遭遇失敗、陷入負面情緒時，父母應多肯定和鼓勵積極學習的過程，如表揚他們的努力、堅持、專注等。這種「重過程、輕結果」的回饋模式，不僅能讓孩子獲得被重視感，還會使他們因此變得更自信、更積極。

## ❸用正確的態度對待犯錯的孩子

很多父母一旦發現孩子犯錯，就會對孩子嚴厲批評，甚至會給孩子貼標籤、上升到對孩子人格的否定。比如「你做什麼都不行，真沒用！」「你真是笨死了，不斷地犯同樣的錯誤！」「怎麼考這種分數？你永遠比不上×××！」……

這些批評、指責的話語不僅無法有效地解決問題，反而會嚴重傷害孩子的自尊心和自信心，讓孩子的心靈受到重創。

一項調查顯示，四〇%以上的青少年罪犯都曾遭受過父母語言上的傷害。在一些影片中我們也看到，這些孩子都在回憶小時候父母對自己無端地否定與責罵，感到自己從未達到父母的要求，也從未讓父母滿意。

他們雖然十分渴望父母的肯定與鼓勵，但每次都失望至極，這就導致他們心中充滿了憤怒與對抗，也充滿了自責與無助。

心理韌性強的孩子，智力也許不是頂尖的，但性格一定是樂觀、積極的。這就提醒我們，在面對孩子犯的錯誤時，批評孩子的錯誤行爲就足夠了，千萬不要上升到人格問題。

只有這樣才能讓孩子知道，即使自己做錯事，也仍然是被愛的。同時還能讓孩子知道，人是可以犯錯的，重要的是要從錯誤中吸取教訓，而不必一直爲這些錯誤感到羞恥，甚至自我懷疑與自我否定。

父母在這方面要特別注意自己的價值觀與言行。事實上，與其說是孩子犯了錯誤被批評教育，不如說孩子在此時爲父母提供了一個最好的場景，讓父母學習如何運用正向心態處理孩子所犯的錯誤，同時檢查自己是否也在犯比孩子更嚴重的教育錯誤。

## 用「ABC模型」提升心理韌性

經常有家長問我：「彭老師，我的孩子太脆弱了，遇到一點兒困難就想放棄，要不就指望大人幫忙，這怎麼辦？」

《心靈地圖》中有這樣一句話：「眞正的愛，包括適當的拒絕、及時的讚美、得體的批評、恰當的爭論、必要的鼓勵、溫柔的安慰、有效的敦促。」

父母對孩子的愛正是如此。拒絕是因爲愛他，讚美、批評是因爲愛他，鼓勵、安慰、敦促都是因爲愛他。當父母以愛孩子爲出發點，不帶有功利性、不情緒化，孩子就擁有了敢於擔當的有力後盾。這樣的孩子未來也更容易獲得幸福感，同時也更有能力創造幸福的生活。

所以要提升孩子的心理韌性，關鍵還在於父母平時怎麼做。基於上面的原則，我在這裡跟父母們分享一個可以有效提升孩子心理韌性的「ABC模型」。通過運用這個模型，我們可以更好地幫助孩子增強抗挫折能力，未來孩子也能走得更長遠。

## A：接受（Acceptance）

即跟孩子坦誠地分享事實眞相，鼓勵孩子接納現狀，並提供溫暖的陪伴。

馬汀．塞利格曼和他的團隊經過研究發現，對於孩子來說，決定他們對世界感到樂觀或悲觀的影響因素主要有三個：

### ❶孩子從父母身上學到的對各種事件的因果分析

如果父母是樂觀的，孩子就會很樂觀，尤其是母親對孩子的影響更大。

如果你是一位悲觀的母親，習慣於從悲觀的角度看待世界，比如經常在孩子面前說：「這種倒楣事總發生在我身上。」「我眞是笨死了！」「局面永遠不會好轉。」……那麼孩子就會接收這些訊息，並學會以同樣的視角看待周圍的一切。

比如有一位媽媽，希望孩子以後出國留學，可孩子不想出國，她就跟我抱怨：「彭老師，您說我這麼辛苦，不就圖他有個好未來嗎？我這輩子一無所成，不希望孩子也像我這麼沒用。可您看他現在，什麼都不行，怎麼出國？」

而跟孩子溝通後，我發現孩子對一切也很悲觀：「我不想出國，我覺得自己根本學不到什麼，出去也是白花錢。」

先不說孩子是不是具備出國留學的能力，僅是其母親悲觀的態度，就已經深深地影響了孩子。即便孩子以後走向社會，這種悲觀、消極的心態也會嚴重影響他的工作和生活。

如果你想讓孩子成為一個樂觀的人，就要控制自己的情緒，尤其不要經常在孩子面前流露這種負面情緒。

## ❷孩子聽到的批評方式

我經常會聽到一些父母這樣批評自己的孩子：「你就是太笨了！」「你根本不擅長做這個。」「你永遠也學不會這個。」……

對此我感到很悲哀。孩子經常聽到這種永久的、普遍的、家庭內在的批評，哪怕他原本是個樂觀、積極的孩子，也會慢慢變得悲觀、無力。

也許父母想通過這種方式激勵孩子，但這種「激勵」對於孩子來說其實是一種無情的打擊，會讓孩子產生自我懷疑，繼而漸漸失去對各種挫折、危機的抵抗能力，變得膽小、懦弱。

所以，當你下次想批評孩子時，請選擇一些暫時的、特定的、可以改變的言詞，比如：「你可能還需要再努力一些。」「如果你更認眞些，我相信你能做好。」「你還缺少練習。如果你每天堅持練習半個小時，一個月後你就能在學校聯歡會上表演了。」這些積極的話語，往往更能激發孩子的動力。

## ❸孩子早期生活經驗中的生離死別和巨大變故

孩子有時可能會經歷一些生活變故，比如疼愛他的家人去世、父母離婚等。如果這些事好轉了，孩子會比較樂觀；如果這個變故是永久的和普遍的（比如至親去世），那麼絕望的種子就可能深埋在孩子心中。

有些父母出於保護孩子的目的，可能會善意地隱瞞實情，結果當孩子發現眞相後局面更糟糕。因爲他們不但要承受變故本身的痛苦，還要獨自消化被「欺騙」的憤怒。

模型中的「A」對於孩子的成長非常重要，它可以幫助孩子學會了解事實、接受事實，同時超越、戰勝這些事實。如果我們無法阻止這些不幸事件發生，那麼至少要試著與孩子一起學會面對這樣的逆境。

無論是成長路上的小挫折，還是遭受生活中的巨大創傷，父母的坦誠、堅定、擁抱、鼓勵，都會讓孩子感受到溫暖，獲得戰勝困境的信心和勇氣。

## B：行為（Behavior）

即用積極行動尋找問題的解決方案。

爲什麼有些人喜歡接受挑戰，面對困難能表現出絕對的堅定和堅韌，而另一些具有同樣天賦的人卻總是避開挑戰，在遇到挫折時容易崩潰呢？讓我們看一個眞實的案例。

從前，有一個小女孩，在很小的時候就在智商測試中拿到了很高的分數。因此她在學校裡受到老師的優待，在家裡也因爲成績出色而經常被誇讚是個「聰明的孩子」。她享受著這種讚美，一直努力學習，不想辜負大家的期待。

從小學到大學，這個女孩的成績都很優異，可她卻越來越不快樂。因爲她經常在學業上遇到無法解決的難題，這使她產生了挫敗感。在專業領域內，一旦看到比自己厲害的人，她就會感到沮喪，覺得自己難以超越他們。

爲了搞清楚這究竟是怎麼回事，她成爲美國史丹佛大學的心理學教授。她通過一系列實驗終於解開了自己心中的謎團，而她的突破性研究也讓她獲得了美國心理學會終身成就獎。

這個小女孩就是卡蘿．杜維克（Carol Dweck）。

她所進行的一系列心理學實驗，就是通過對幾百名不同年齡孩子的追蹤訪談來弄清爲什麼有的人喜歡挑戰，在困難面前會表現出絕對的堅定和堅韌，而另外一些具有同樣天賦的人卻喜歡逃避，在遇到挫折時容易放棄甚至崩潰。最終，她解開了這個謎團，謎底就是人的思維方式不同。

杜維克發現，人通常具有兩種典型的思維模式：固定型思維模式和成長型思維模式，前者通常認爲，一個人的智慧多數來自天生，後天努力並不能改變什麼，因而也比較滿足現狀，不求進取；後者則篤信，無論在哪些方面，自己的能力都可以通過後天努力得到改善。

那些成年後發展很好的人，往往都擁有成長型思維，相信能通過自己的努力、良好的策略、其他人的回饋和幫助，讓自己的能力得到提高。

與之相反，另一些人更傾向於固定型思維。他們經常暗示自己：「我的能力是天生的，在童年時期我的能力就固定了，對於改變我無能爲力。」

通過兩種人不同的表現，我們會發現，固定型思維者總是擔心別人對自己的評價，因而也更專注於證明自己的能力、魅力等，儘量避免暴露不足。而成長型思維者會關注如何在過程中獲得提高，注重自己從中學到了什麼。

同時，固定型思維者更害怕失敗，成長型思維者則能更好地接受挫折和失敗，並且將失敗看成一種學習機會，堅信成功是一個學習的過程。於是，兩種人也就呈現了兩種完全不同的人生狀態。

我們要想提升孩子的心理韌性，就要幫孩子遠離固定型思維，培養他們的成長型思維。具體來說，我的建議有以下幾點：

## ❶對孩子多鼓勵、少表揚，多描述、少評價

有些父母喜歡表揚孩子「聰明」，這就容易激發孩子的固定型思維。孩子會認爲「聰明」是件重要的事，也是父母愛自己的原因，會想方設法地表現自己的「聰明」，在做事時也去選擇那些相對容易完成的事情，以證明自己的聰明和魅力。

一旦遇到他們的聰明才智解決不了的問題，孩子就會擔心失敗，害怕這會讓自己顯得很愚蠢，繼而害怕挑戰，轉而選擇那些較爲「安全」保守的道路。

爲了避免這種情況出現，我們在表揚孩子時，就要表揚一些後天可以改變的特性，如努力、用心等，以此讓孩子明白，有天賦雖然好，但後天的努力不僅可以解決問題，還可以發展自己的技能和天賦。

同時，父母也要通過言傳身教向孩子傳遞這種價值觀：成功關乎個人成長，我們應該利用自己的才華爲社會做貢獻，而不是爲了證明自己比別人更聰明。鼓勵孩子變身「努力家」，才更有可能成爲人生贏家。

## ❷ 鼓勵孩子樂觀地面對失敗

受傳統教育理念影響，很多父母都喜歡用學習好壞、考試成績等作爲衡量孩子學習和成長的標準，但這就會讓孩子把學習當作取悅父母的道具，體會不到學習本身的樂趣。

有一個八年級的女孩，因爲在課堂上沒能完整地背下課文被老師批評了。女孩覺得自己已經努力背了，而且基本已經背下來了，只是在課堂上背時有幾個字沒想起來，老師爲什麼不放過自己，還要讓自己重背？女孩感到很不滿、很沮喪。

這時，如果你是女孩的父母，會怎麼做？我相信很多父母的第一反應都是：「老師這樣做是爲你好！」「你肯定沒好好背，不然怎麼沒通過？」

這些話看似都是在安慰孩子，但孩子眞的能從中獲得積極的力量嗎？我認爲很難。相反，這些「安慰」只會令孩子感到自己不被理解、不被接納：「我這麼努力依然不被肯定，下次我爲什麼還要努力？」

以上這些就是固定型思維父母的做法。成長型思維的父母往往會以開放的心態看待孩子偶然的失敗，比如他們會先引導孩子思考：「這件事是什麼？」「我要承擔什麼責任？」「我怎麼做才能解決問題？」

也就是說，他們會把自己作爲孩子在需要幫助時可以依賴的資源，而不是時刻拿著成績的單一尺規衡量孩子。只有這樣才能培養孩子積極的心理品質，提升他們解決實際問題的能力。

## ③學會在孩子面前適當「示弱」

對於年幼的孩子來說，父母的權威和力量遠勝於自己。如果你總習慣以居高臨下的語氣和方式對待孩子，經常拿孩子的缺點跟別人家的孩子的優點比，會讓孩子認爲自己一無是處，無論多麼努力也不如別人，不能讓父母滿意。這對孩子來說是一件很難接受的事，因此，父母不妨適當在孩子面前「示弱」。

我有一位學生，經常跟孩子一起做練習題，然後故意在孩子經常出錯的地方做錯一、兩道題，再讓孩子扮演老師，給自己批改卷子。當孩子看到媽媽也會犯錯，並且自己還能幫媽媽改正錯誤時，就特別有成就感，學習的積極性也更高了。

這樣一來，孩子在遇到困難時就不會輕易放棄。更重要的是，他們還能從中明白一個道理：知識再淵博、能力再強大的人也會出錯，坦然接受、及時改正錯誤才是最重要的。

## C：認知（Cognition）

即懷抱積極的心理預期，通過感知當下，把注意力集中在自己能掌控的部分，從而設法改變現狀。

在遇到挫折和困難時，如果你總是關注那些自己無法控制、改變的部分，就會陷入一種「無助—絕望—無助」的惡性循環，即越做不好越去做，越去做就越做不好，最終徹底讓自己喪失信心。

相反，如果我們換個角度考慮問題，先去完成自己能做的那部分事情，改變自己能改變的事情，我們就會漸漸地產生一種戰勝逆境的勇氣和能力，並讓自己從一種負面的體驗和惡性循環中解脫出來。我們就可以這樣進行引導：

### ❶鼓勵孩子接納這件事帶來的負面情緒

無論是焦慮、緊張、害怕，還是恐懼，當這些負面情緒不可避免地襲來時，都要告訴孩子不要逃避，也不要試圖克制它們，接納即可。

### ❷引導孩子把注意力放在當下正在做的事情上

無論這些負面情緒有多強烈，當你不再關注它們時，它們都會減弱甚至消失（至少在你全力投入當下的事情時是這樣的），這樣就能幫助孩子從負面情緒中慢慢地擺脫出來。

### ❸制訂計畫

和孩子一起列出或想清楚哪些是他能控制的（比如制訂行動計畫、優化目標方案等），哪些是他不能控制的（比如別人怎麼想）。

### ❹立即行動

引導孩子將精力和注意力集中投入他能控制的部分，並且努力做好這些事。通過這種方式強化孩子的積極心態，激發戰勝挫折的勇氣。

心理韌性其實就是我們看待世界的一種方式——我們無法控制問題，但可以控制對問題的反應。只要積極應對，我們對人生就有了更多的控制權。

## 親子遊戲・沙漠求生

在炎熱的八月，你們乘坐的小型飛機在撒哈拉沙漠失事，機身嚴重受損，並且馬上就要起火了。

飛機墜落的位置無法確定，只知道最近的城鎮是距離飛機失事七十公里的一座煤礦小城。

沙漠中的環境十分惡劣，日間溫度在四十度左右，夜間溫度則會降至五度。

而你與孩子都是輕便裝束，只穿了短袖、T 恤、牛仔褲、運動褲和運動鞋，每人只有一條手帕。

這時，如果要你們在飛機燃燒前，用十五分鐘時間從飛機中取出五件物品，你們會怎麼選擇？

和孩子分別說一說，為什麼要選擇這幾件物品。

## 第四章

# 自我效能感，幫孩子確立「我可以」的人生態度

相信自己能做成一件事情，對於一個人成功完成一件事的幫助是非常大的。

如果一個人認為自己做不成事情，基本上就會真的以失敗告終。所以，自我效能感對於孩子的成長、學習以及個性的養成，有著極其重要的意義和價值。

# 自我認知與自我效能感

著名心理學家威廉·詹姆斯（William James）曾說：「我們這個時代最偉大的發現，就是人們可以通過改變對自身的認識，繼而改變自己的生活。」

## 自我認知的文化屬性

我們對自我的認識有很多，包括自己是誰、自己能幹什麼、自己屬於什麼樣的社會群體等，心理學家對於上述這些問題一直很感興趣。認知神經科學家更是通過各種方式對人的大腦進行測量，試圖發現人類認知的生物性原因。

不過，文化心理學家則提出另一個觀點：所有自我認知其實都是以一個人的智力、知識、思想修養、道德品質與文化習得爲基礎，通過對生活的態度、情感、行爲等體現出來的一種理解世界的方式。

當人們觀察、評價另外一個人時，也是通過自己及他人的文化社會屬性「由表及裡」進行，即通過對方的眼神、表情、神態、談吐、舉止等，觀察並了解一個人眞正的內心世界。所以我們常說一個外形端莊、品質好的人，可以給人一種如沐春風的感受，這其實就來自社會文化心理的一種評價偏好。

比如媒人會說女方容貌秀麗、舉止端莊、性格溫柔，那就意味著這個女孩除了具有恬靜的外在氣質美，還可能具有賢慧、持家有方、孝順長輩等優點；說一名男士身材魁梧、性格豪爽，除了表達他很陽剛，還有可能是在暗示他有能力、有責任心、有擔當等。雖然媒人沒學過心理學，但在爲別人介紹物件時，卻非常像一位資深的心理學家。

如果我們留意平時生活中自己和他人的言行，就會發現一個特別普遍的心理習慣，即當我們評價一個人或評價自己時，總會有意無意地在心理上傾向於尋找正向要素，也總是指向「很棒、很美、很優秀、很值得信賴」等帶有明顯的社會文化符合度傾向的心理暗示。

其實，人類之所以能演化成今天的樣子，並不是因爲我們的身體多麼健碩、力量多麼大，而是因爲人類的大腦與智慧遠超越了其他生物，從而使人可以工作、建立群體規則、形成協作與創造等。

這些都是人類最值得培養的演化優勢，它讓人類充滿鬥志與優越感。特別是在遭遇困難與挑戰時，人類的這種鬥志就會發揮巨大的正向作用，讓我們能夠戰勝困難，走出人生的冰河。

當我們擁有這種情感與心理動力時，哪怕面對失意與痛苦，也能爲自己找到一個心靈歸宿。

在我孩子小的時候，我經常會陪他們看《湯瑪士小火車》。這個節目講的是火車頭湯瑪士和朋友們一起成長、克服各種困難的故事，目的是讓孩子通過輕鬆的故事了解到，在挑戰面前怎樣發揮自己的主動精神，克服生活中遇到的各種困難。

有一天，一輛小火車在運送貨物時發生故障，坐在車上的玩具小丑和其他玩偶都很著急，因爲天快要黑了，他們很想在天黑前翻過山嶺，把玩具送給山那邊的小朋友。

這時，有好幾輛火車頭從他們身邊經過，都沒有停下來幫忙。最後，一輛看起來最不可能幫上忙的藍色火車頭停了下來，他決定試一試。

爲了幫小火車擺脫困境，把快樂帶給山那邊的孩子們，藍色火車頭不斷地給自己加油鼓勁：「我想我能做到！我想我能做到！我想我能做到！」……最後藍色火車頭終於幫助小火車爬上了山頂，完成了任務。

故事中的這種「我能做到」的信念，其背後隱含著非常重要的正向心理學理念——自我效能感。

## 什麼是自我效能感

從心理學意義上，自我效能感是指個體對自己在特定情境中是否有能力完成某種任務的預期和判斷。

這就像媒人介紹時所描述的一樣，其內在意味著這個人成家立業的能力和意向，而被介紹的雙方也並不會對此提出異議，說明他們是認同這種邏輯的。

也就是說，人們在不知不覺中已經生活在「自我效能感」的心理世界裡。美國著名心理學家亞伯特·班杜拉（Albert Bandura）首先發現了這種規律，並提出了「自我效能感」這一心理學理論。

一九八〇年代，自我效能感理論得到了進一步的豐富和拓展，同時也得到了大量的實證研究和支援。

班杜拉認爲，每個人對自己完成某些事情的能力都會有主觀的效能評價。它主要通過兩條路徑體現：一是結果預期，即相信自己、認爲自己「可以做到」；另一個是效能預期，即認爲「我能做到不是因爲環境好或運氣好，而是因爲我的能力」，因此「我要施展自己的能力，爲結果做足準備」。

在上面的小火車故事中，藍色火車頭雖然看上去能力最弱，但因爲對結果有強烈的預期，所以能在不斷地給自己鼓勵，從而激發自己的潛力、最終實現目標。

# 自我效能感決定了人生選擇

回憶一下學生時代，是不是有些學霸在考試時發揮很一般，但有些學習中游的同學在關鍵考試時，卻能夠突破自己的界線，獲得更好的成績？

這是自我效能感在發揮作用。大量的心理學研究實驗表明，自我效能感會直接影響一個人的行爲動機，一個人在某一方面的自我效能感越強，預測到成功的可能性越大，他就會越努力嘗試，而新活動持續的時間也會越久，最終效果也會越好。

## 戒菸實驗

以色列心理學家莫迪凱．布利特納（Mordechai Blittner）等人曾做過一個十分著名的戒菸實驗。他們隨機選了一些成年吸菸者，並把這些人隨機地分配成三組。

第一組爲自我效能感組：實驗者告訴這些吸菸者，他們將接受十四週的治療。之所以選擇他們來做實驗，是因爲他們具有堅強的毅力、控制力以及戰勝欲望和行爲的潛力，他們一定能在治療的過程中戒菸。

第二組是接受治療組：該組接受的療法與自我效能感組一樣，但實驗者告訴這些人，他們是被隨機挑選的，將接受十四週的治療。

第三組是控制組：實驗中沒有給他們治療計畫，也沒有給他們關於自我效能感指導語的暗示。

結果顯示，自我效能感組有六七％的人成功戒菸，接受治療組有二八％的人成功戒菸，而控制組只有六％的人成功戒菸。

從這個實驗結果可以看出，自我效能感其實就是對自己進行「我能做到」的暗示，以此激發內在潛能，使其在要完成的任務或目標中發揮重要作用。

這種情況在現實生活中很常見，比如很多教師與家長在關於學生學習數學這件事上就有兩種刻板印象：一種認爲男生學數學會比女生好，另一種是亞裔的數學能力比較強。

那麼，亞裔女生的數學能力怎樣呢？有人爲此專門做了實驗。

在數學考試前，實驗者告訴亞裔女生，此次考試的目的主要是比較一下男生和女生數學成績的差別，結果發現這些女生考得都不理想；而當實驗者告訴這些亞裔女生，這次考試的目的是看看亞裔學生的數學能力是不是更強時，這些亞裔女生的考試成績就更優異。

其實這就是自我效能感在發揮作用。那些相信測試考察的是男女性別差異的女生，首先在內心中就已經認定自己的數學成績不如男生，結果就很難考好；而當她們相信亞裔學生數學成績更好時，內心裡也賦予了自己一定的自我效能感，結果就可以考出理想的成績。

## 自我效能感的作用

如果我們從內心深處堅信自己能做成一件事，那麼這種信心就會促使我們努力去克服困難、做到最好；相反，認爲自己做不成某件事，在做事過程中也容易因爲信心不足而失敗。

自我效能感對於我們的學習、生活和工作都會產生影響，具體來說主要表現在以下幾個方面：

## ❶自我效能感可以激發我們的正向情緒

班杜拉認爲，自我效能感會影響我們選擇什麼活動，以及對這些活動的堅持程度，還會影響我們面對困難時的態度，以及做這些事情時的一些情緒。

自我效能感高的人，通常能主動應對壓力；相反，自我效能感低的人通常會採用逃避的方式緩解這種壓力。

同時，自我效能感對焦慮感也有很大影響。如前文所述，那些相信自己能應付可能出現的危險的人，很少會把精力用來想像各種消極因素出現的可能性；而那些覺得自己在高度焦慮時難以應付困難的人，往往會低估自己的能力，腦中也會不斷地想像各種可能出現的危險，並爲此煩惱。

## ❷自我效能感會影響我們對環境的選擇

在學習和生活中，當我們面臨選擇時，通常會傾向於迴避那些自己認爲無法應對的活動和環境，而選擇去做自己感覺能夠勝任的事情，並選擇進入自己認爲能夠適應的環境。

在這個過程中，自我效能感顯然就通過影響個人的價值觀、興趣及對能力的認識因素等，來爲個體確定發展方向，而這一選擇反過來又會影響後面的生活和發展。

比如選擇職業時，自我效能感高的人會認爲自己的職業選擇機會更多，也更樂於正向地學習或接受再教育，從而爲實現職業追求做好準備；也有些畢業生即使具備足夠的能力，但由於懷疑自己在某方面的潛能和表現，限制自己的職業選擇範圍。

## ❸ 自我效能感會決定我們的心理特質

當自我效能感降低時，人很容易產生一種習得性無助感，這是非常不利於個體幸福和未來發展的。

馬汀·塞利格曼在進行著名的「習得性無助」研究時，通過實驗證明，無論是實驗中的動物，還是校園裡的大學生，當進入「習得性無助」狀態時，幾乎都喪失了自我效能感。

這種現象便啓發了他對於正向心理學的拓展：人既然有自我效能感，那麼如果無助可以習得，正向也一定可以習得。

從一個更大的範圍來說，自我效能感甚至是所有生物求生存、求發展的核心動力。雖然我們用自我效能感定義了人類具有的獨特心理特質，但具備自我效能感也可以認爲是生物的一種生存與發展本能。

## 如何激發潛在能量

實際上，大量的心理學相關研究都重複驗證了自我效能感對一個人的影響。那些自我效能感高的人，主要通過以下幾個方面的特質來激發自己的潛在能量，優化自己的行爲表現：

### ❶知難而上，主動面對壓力引發的焦慮

那些相信自己能夠應付可能出現的危機的人，一般很少花精力去想像各種消極因素出現的可能性，而將更多的精力用於尋找解決問題的方法上，因此也更容易完成富有挑戰性的任務。

相反，覺得自己在高度焦慮時難以應付困難的人，往往會低估自己的能力，在頭腦中不斷地想像各種可能出現的危機，並爲此而煩惱，難以專心致志地處理面對的問題，最終因不自信而畏首畏尾、不敢嘗試，錯失成功的機會。

## ❷自力更生，正向尋找解決問題的方法

自我效能感高的人有充分的自信，或者說即使暫時能力欠缺，也相信自己能通過努力找到替代方案，或在短時間內提升自己的能力，以應付眼前的困局。

他們很少將希望寄託在別人身上，只想通過自己的能力尋找解決方法，這種「天助不如自助」的信念也令他們對學業、工作等方面的滿意度比普通人更高一些。

人們幾乎都有追求穩定和安全感的傾向，尤其是在面對一些選擇時，多數人都傾向於從感性上迴避那些自己認爲無法應對的活動，以及缺乏掌控感、讓自己感覺不舒服的環境。自我效能感可以通過影響我們的價值觀、興趣及對能力的認知等，促使我們走出「舒適區」，主動迎接困難和挑戰，從而激發自己的潛能，理性地確定更適合自己的發展方向。

# 決定孩子自我效能感的五要素

在上一章中，我們提到過一個叫作「可愛島」的地方。其實在可愛島上，除了我們提到的心理學實驗，科學家還進行過另一個更有意思的實驗。

這個實驗不是針對人，而是針對野生動物。後來人們把這個實驗稱爲「可愛島上放飛自我的野雞實驗」。

## 放飛自我的野雞實驗

里・漢瑞克森（Rie Henriksen）和他的同事、演化遺傳學家多明尼克・萊特（Dominic Wright）從瑞典林雪平大學來到可愛島。

隨他們一起來到可愛島的，還有各種捕獸裝備、無人機、紅外線攝影機，以及一個可移動的小型分子生物學實驗室。

他們此行的目的是研究可愛島上的野雞。這些野雞一直在野外自由活動，是幾百年前引入夏威夷的雞和現代肉雞、蛋雞的雜交種。這種雜交種雞分布在島上的每一個角落，可愛島的當地居民對它們又愛又恨。生物學家則視這次實驗爲演化中一個絕無僅有的實驗：當雞回歸野性的時候會發生什麼？

通常認爲，人類馴化動物的過程會塑造動物的基因，使其逐漸適應人類社會；動物爲了適應野外生存的特性會逐漸喪失，取而代之的是對人類有利的性狀，如快速生長和服從人類。而野性化似乎是馴化的反過程——至少看起來是這樣的。

但是，幾位研究人員進一步的研究顯示，可愛島上的野雞並沒有變成它們祖先的樣子，而是演化成一個全新的物種。它們保有一部分祖先的性狀，同時又保留了被人類馴化後的一些性狀，這說明，生物在環境影響下發展出了新的適應性基因類型。自然與使然共同作用的結果就是演化出一個「新的物種」。

因此，後來漢瑞克森和萊特說：「再野性化動物迫使我們重新思考之前使用的二分法分類系統，把動物分成野生的和家養兩類的方法過於簡化，是不科學的。」

連可愛島上的野雞在「放飛自我」後，其內在的生命動力都能使其演化成一種「全新的物種」，那麼作爲具有高智慧與高感性的人類，在環境中是否也能發生某些我們看不到的變化呢？

順著這個邏輯，我們甚至可以大膽地提出一個問題：想要讓孩子擁有這種類似於自我效能感的生命動力，我們的教育該為其提供怎樣的正向幫助呢？

## 自我效能感來自堅信不疑

成功者能夠堅持到底的關鍵，就在於他們對實現目標的自我效能感要比一般人高得多。

他們堅信自己具有達成目標的能力，並且一定可以達成目標，自我效能感是對自己特定能力的一種判斷，表現為一種天生的樂觀主義和面對挫折時的韌性。

對於孩子來說，從很小的時候起，他們就要經歷各種情境的考驗，而這些情境對於發展中的孩子來說，總體上表現為一種困難與挑戰，也就是我們所說的「成長的煩惱」。

小到學習穿衣、吃飯，大到升學壓力的增加、同學間競爭的凸顯化、人際交往的逐漸複雜化，如果處理不當，就會不斷降低他們的自我效能感。這時如果我們不予以重視和疏導，孩子就容易產生負面情緒，進而影響學習和生活。

心理學家堅定地認爲，自我效能感高的孩子，在面對困難時通常會更正向、樂觀，也願意從失敗中汲取經驗，而不是任由挫敗感影響自己。

美國作家韋約翰（John White）在《拒絕》一書中曾指出，許多科學家、藝術家和作家所具有的共同特徵，就是對於他們自身能力的堅信不疑。這種信念也使他們能夠經受得住各種被拒絕、被否定的挫敗之考驗，並且仍然堅持自己的夢想，一定要實現它們。

## 如何判斷自我效能感的高低

可能有些家長會問：「彭老師，既然您說孩子的自我效能感這麼重要，那怎麼才能知道孩子的自我效能感是高還是低呢？」

如果你問出這樣的問題，我想說：「恭喜你，你已經進入培養孩子自我效能感的良性軌道。」

這裡有一個潛在的邏輯，就是當我們想到如何評估孩子的自我效能感時，我們已經對自我效能感建立了一種雖有些模糊、但方向正確的思維習慣。

當然，要判斷孩子目前自我效能感的高低，作爲家長還是有一些小竅門的。比如你平時可以假裝不經意地問孩子下面這些問題：

- 假如讓你盡力去做一件事，你是不是覺得最後一定能完成？
- 即使別人反對，你是不是也有辦法得到你想要的東西？
- 對你來說，堅持理想和達成目標是不是一件特別難的事？
- 你能冷靜地面對困難，是因爲相信自己有處理問題的能力嗎？
- 當面對一個難題時，你是不是經常能找到幾個解決辦法？

這些問題聽起來很抽象，但是孩子能夠理解並做出回答。通過孩子的回答，你就能了解孩子是不是具有較高的自我效能感。

當然，如果你感覺孩子的自我效能感偏低，也不必著急，因爲影響一個人自我效能感的因素很多，只要對症下藥，我們就完全可以幫助孩子提高自我效能感。

## 影響自我效能感的五要素

通常來說，影響孩子自我效能感的要素主要有以下五種：

### 孩子以前成功或失敗的經歷

孩子的自我效能感是建立在以往經驗基礎之上的。如果孩子過去有過很多成功的經歷，那麼就會在回饋的積累過程中變得更加相信自己，並實實在在地不斷提高自尊心與自信心，也就是覺得自我受重視、有能力、能獲得大家的喜愛，從而獲得較高的自我效能感。

比起一些喊口號式的自我激勵，鼓勵孩子付諸行動並努力取得成功，是讓孩子獲得自我效能感的最有效方式。

但獲得感的取得並非總是這麼容易，其中一個主要阻礙就是成功經驗對孩子自身效能感的影響。有時還要取決於孩子怎樣解釋自己成功的原因。這也是區別孩子自我效能感獲得是屬於眞實的，還是虛幻的分水嶺。

比如由於受家庭或學校輿論氛圍的影響，孩子把自己考試成績的提高歸結於外在原因，如參加了補習班、有父母的輔導陪伴，或者運氣好、考題簡單等。

這種歸因方式就過於強調外界資源對於孩子的幫助，其結果是即使孩子考了好成績，也不會覺得是自己能力提高了。而且這不但不會增強孩子的效能感，還會讓孩子的效能感降低。「反正有補習班，反正能猜題」，這種心態絕對不是自我效能感的正面教材。

反過來，即使孩子的某次考試成績不理想，但如果他所習得的輿論氛圍是正向而正向的，那麼他就會將考試失敗的原因歸結於自己沒能發揮正常水準，而不是否定自己的能力。這樣一來，即使孩子某次考試不理想，他的效能感也不會降低，甚至還可能在逆境與困難中實現新的突破。

## 替代性經驗或榜樣的影響

俗話說「人比人，氣死人」，但心理學家發現，有時與我們喜歡的人、認同的人或崇拜的人比一比，反而會對我們產生激勵作用。

比較並不是一件壞事，關鍵是我們用何種態度和方式來比較。現在一些學校對於低年級學生採用保密成績制，也就是不公開學生的考試成績排名，甚至連考試卷都不發給學生和家長，我個人不太贊同這種做法。

雖然看起來似乎很人性化，但實際上，這種保密成績制做不好的話，反而會導致孩子出現一種相對消極的「逃避」心態。

全世界的學校都有各種排名，但這種排名不是要證明誰比誰更強或更好，而是通過一種理性的方式爲人們建立一個定位系統。也就是說，每個人心裡必須要有一個明確的定位，這是人得以發展的一項很重要的心理需求，否則人就會對一些不確定性充滿恐懼。

就像從太空中回來的太空人接受採訪時說的那樣，在太空中最大的恐懼是走出太空梭的一瞬間，發現自己處於浩瀚宇宙中那種徹底的無助感。

當然如果學校僅將排名當成是比誰學習好、誰學習不好，我是不鼓勵的。但如果因此徹底省略排名具備的，爲學生建立定位系統的價值，那就是極大浪費。

心理學家也明確告訴我們，人的很大一部分自我效能感都源於觀察他人的經驗，也就是榜樣的作用或同伴的影響。

如果你發現自己的朋友完成了一項很困難的任務，那麼你就會產生一種自信：他能做到，我當然也能做到。

這種情況並不是通常所說的不服輸心態，從自我效能感理論上說，人與人之間的比較，在某種程度上也是一種自我效能感的互相感染與激發。

實驗證明，比起缺乏目標的自我效能感，有明確目標的發動更容易，也更有效。比較不一定是出於「我要贏你」的心態，而是爲了激發孩子「我也可以」的動力。

這時需要避免的就是「人家都考過了，你爲什麼考不好，你比人家腦子少根筋嗎」這種有百害而無一利的強弱比較觀念。比強弱當然容易讓人沮喪，但比「我也能」則大概率會激發自我效能感。

一些成績中等的孩子，如果經常與學習優秀的孩子在「優秀不優秀」這個概念內做比較，可能會覺得自己樣樣不如別人、怎麼努力也沒用，結果越比越沒信心。但如果家長能引導他們進入定位系統的思維，將這種比較轉化爲對自己階段性的客觀認知，爲自己需要改善的內容提供參照，並與其之後的目標有效連接，那麼這種比較反而會成爲一種正向的動力與明確的資訊。

家長與教師也可以通過比較內涵的擴大——不僅與同學比，還要同過去的自己比，來激發孩子不斷突破自己的信心，讓孩子發現自己其實一直在進步。這種個人的進步也會讓孩子獲得成功的體驗，增強自我效能感。

## 他人的評價

一些孩子談及自己的成功經驗時，大多會提到自己在人生某個低谷或迷茫時，得到了家長、某些老師的回饋，從而產生一種頓悟的感覺，改變了自己的學習與生活習慣，可見他人的評價對孩子產生的影響是十分深遠的。

如果孩子在成長過程中能獲得父母、老師、同學等周圍人的關心、欣賞和重視，經常聽到肯定、讚美、鼓勵的言辭，孩子就比較容易獲得自我效能感。

反之，如果孩子經常受到身邊人的譏笑、羞辱、輕視、否定、孤立，甚至虐待和責罵，自我效能感水準就會很低。

尤其是成人對於孩子失敗的不滿，比如由於成績不好被父母批評、否定，或在學校被其他同學排斥、長時間受到老師的批評責罰等，都會嚴重破壞他們的自我效能感。

換句話說，你認爲孩子能成功，孩子也會更容易成功，這也是很多名牌大學畢業的孩子在社會上發展得更順利的原因。由於一路走來，大家都認爲他們應該很優秀，應該能取得成功，這增加了他們的自我效能感，也使他們更樂於追求成功。

## 合適的情緒喚醒

班杜拉的研究發現，高水準的情緒喚醒會使孩子的成績降低，因而也會影響孩子的主觀效能感；而當孩子不是特別容易被喚醒狀態干擾時，他們的主觀效能感會更高一些。

其實成年人也經常有這樣的體驗，當我們感到緊張、恐懼、焦慮時，就會患得患失，甚至喪失自信；而當我們開心或感覺良好時，就會有更高程度的自信，認爲自己可以克服困難，達成目標。

情緒喚醒既包括情感上的覺察，也包括身體的感覺。當我們感到筋疲力盡，或身體疼痛、不舒服時，精神狀態也會變差，自信心會隨之降低，自我效能感也會下降；當我們的身體狀態、健康狀況良好時，就會有更大的自信和動力。

因此，我們平時要多注意觀察孩子的身體狀況和情緒變化，在身體狀況不佳時及時讓孩子休息，尊重身體的節律，切忌讓孩子過度疲勞，因爲體能欠佳而影響情緒與效能。

## 熟悉的環境條件

在漫長的演化過程中，人類對環境越來越敏感，同時也渴望從熟悉、親切的環境中尋找安全感。一旦我們進入一個陌生或能引發焦慮、恐懼的環境，我們的效能感水準就會降低。這也是爲什麼在一些比較重大的考試前，老師都會安排學生提前探訪考試地點、熟悉內外環境、規畫好交通路線，因爲這樣可以較好地幫助孩子緩解他們考前緊張的狀態。

孩子越小越容易培養自我效能感，因爲此時他們面臨的人生「難題」更容易解決，比如自己吃飯、自己穿衣服等。哪怕孩子一次次失敗，但只要願意嘗試，就有成功的一天。

但大一些的孩子所面臨的學業、人際交往等，都是人生的大命題，一旦遭遇失敗，就可能使他們的心理受到很大的打擊，甚至有些事情都沒機會挽救。所以在成長過程中，我們要多給孩子創造抱持性環境，讓孩子從小就覺得「我可以做到」，不斷強化他們的自我效能感。

# 正向的自我評價

自我驗證理論家威廉・斯旺（William B. Swann）曾提出一個「自我驗證」理論，指出具有正向或負面自我概念的人，認為自己會成功或失敗的人，會選擇營造驗證自我的社會環境：選擇與成功或失敗的人交往；在別人面前展示成功者或失敗者的形象；採用能夠驗證自己成功或失敗的交往策略。

同時，他還會對現實資訊進行主觀歪曲：選擇性地注意那些成功或失敗的事蹟；選擇性地對事情解釋，失敗或成功的事都能解釋為成功或失敗的事。具體來說，就是在評價自己「肯定會成為失敗者」時，自己就會擔心失敗的發生，結果也會展現失敗者的形象。

這種擔心又容易讓人做出退縮、迴避等行為，繼而從這些線索中再次強化自己會失敗的自我概念。即使在整件事中有些步驟是成功的，也會選擇性地忘記這些成功，反而只記住那些失敗的事，甚至對此深信不疑，覺得自己成功只是僥倖，失敗才是常態。

很多孩子都會產生這種具有主觀色彩的自我評價，但這種自我評價產生的原因卻可以追溯到父母、老師或身邊的人身上。

如果父母、老師或身邊的人對孩子有不恰當的評價，就會令孩子產生負面的自我評價，而這種自我評價又會引導孩子不斷地向著其所評價和預言的方向走去，導致孩子形成消極、悲觀、憂鬱的人格特徵。

所以我們在評價孩子的言行時，一定要多用正向、正面的語句，讓孩子看到自己在父母眼中的優點和長處。

即使孩子遇到困難和失敗，也要給予孩子鼓勵，多肯定他的努力和付出。通過這樣正向的互動，孩子才能逐漸建立對自己的正確認知和正向的自我評價，增強自我效能感。

在心理學上，有一個非常著名的實驗「所思即所得」。這其實是一個關於人類認知本質的心理科學調查。

這個實驗誕生於一九六六年，當時的生物學對人類大腦與心智的研究也不如今天這樣先進和全面，但人們對人類自我認知的好奇心卻一點也不比今天弱。

在缺乏大量科學證據與實驗證據之前，人們便通過預言的方式提出了這樣一個觀點：「如果我們預期某一事物將以某種方式發生，我們的期望就會傾向於讓它變成現實。」

其實早在一九一一年，「自我實現預言」便引起心理學家的注意，只是當時還是神的重要性遠超於科學的年代。直到「所思即所得」的心理學實驗才第一次證明：在某些領域，人類的這種預言的確就是事實。

根據這個結論，如果我們不能從自己的負面情緒與心理狀態中解放出來，那麼我們所擔心的一些讓自己不愉快的事就眞的有可能在生活中出現。

## 引導孩子的自我評價

### ❶鼓勵孩子表現出正向、成功的樣子

華爲總裁任正非曾說過這樣一句話：「一輩子假正向，就是眞正向。」任何成

功，都需要正向的體驗和經驗的積累，因此我們平時要多鼓勵孩子，讓孩子的言談舉止向那些正向、成功的人看齊。

比如讓孩子走路時步伐快一些，走出虎虎生風的氣勢，可以顯得更有朝氣；如果步履緩慢沉重，會顯得很頹廢、很沒精神，人也比較消極。

再比如聽課、觀看演出時盡量坐在第一排，並且第一個舉手回答問題，這些都可以展現孩子的自信和活力，而且為了回答正確，獲得老師和同學的肯定，孩子也會更加主動地思考，展現自己。

## ❷評價孩子時，對事不對人

很多父母在評價孩子時很不注意分寸，常常人事不分，因此也經常打擊孩子的自信心，影響孩子對自己的評價。

有一次，一位媽媽跟我講了她家裡人教育孩子的一個故事。

下雨時，樓下有積水，小孩子都喜歡踩水玩，她兒子也不例外。

後來爺爺為了阻止孩子踩水，就哄孩子說：「不踩水，踩水不是好孩子。」孩子一聽，就停下不玩了。

爺爺覺得這個辦法不錯，能讓孩子聽話，於是就經常用「不能做這件事，做了就不是好孩子」，或者「要這樣做，這樣才是好孩子」，每次只要爺爺這樣一說，孩子就聽話了。

但是，這位媽媽心裡卻覺得，爺爺經常這樣用「好孩子」這個標籤要求孩子做一些事好像不那麼對，但又說不出爲什麼。

實際上，爺爺是在通過給孩子貼標籤的方式糾正孩子的行爲。但孩子對別人的評價是很敏感的，他們能從外界對自己的誇獎或批評中體驗到更高級的情緒，這意味著別人的誇獎和稱讚會讓孩子體驗到一種自我肯定的情緒，如開心、自豪等，孩子的自我效能感也會因此增加。

相反，別人的批評會讓孩子體驗到消極的自我否定的情緒，如傷心、內疚、羞愧等，自我效能感也會降低。

在上面的案例中，我們看到，當爺爺用「好孩子」和「壞孩子」來定義孩子時，表面上看孩子雖然聽話了，但卻極大地傷害了孩子的自我效能感，也影響了孩子對自己的正確評價。

正確的做法是，在評價孩子時要對事不對人。比如孩子在玩水時弄髒了衣服，那麼我們就可以這樣說：「你很喜歡玩水，但如果下次不弄髒衣服，那就更好了。」這樣一來，孩子的負面情緒就不會被放大，並且下次為了不弄髒衣服，他們也會更好地調整自己的行為或改正自己的錯誤，就不會傷害他們的自尊心以及影響他們的自我評價。因為孩子清楚：「雖然我把衣服弄髒了，做錯了事情，但這不意味著我就是個壞孩子，我仍然是個好孩子。」

# 恰如其分的激勵和讚賞

恰如其分的激勵和讚賞不但能促進親子關係，還能增加孩子的自信心，提升他們的自我效能感，讓他們擁有更加正向的心態，在愉快的情緒中學習和進步。

看到這裡，有些父母可能就開始皺眉頭了：「彭老師，我也經常激勵孩子，可爲什麼孩子無動於衷呢？」「我也想讚賞、表揚孩子，可不知道該怎麼做。」「爲什麼我一表揚孩子，孩子就一臉不屑地看著我呢？」……從這些表達中我們可以發現，不少父母把激勵、讚賞和表揚混淆了。

「激勵」是指激發、勉勵，使之振作；「讚賞」則是贊同、欣賞；「表揚」是指對好人、好事的公開稱讚。

這幾個詞語的詞義雖然有一定的相似性，但細細品讀的話，還是有差別的。激勵通常注重的是做事的過程，更多的是引導孩子與自己進行比較；讚賞則是對孩子言行的尊重、欣賞；表揚則是表達對孩子行爲的肯定和鼓勵，更強調的是結果，並且經常是跟他人做比較。

激勵、讚賞和表揚都能在一定程度上提高孩子的自我效能感，幫助孩子樹立自信心。這些正向的言詞具有特殊的魔力，不僅對孩子，就是大人在面對別人一個鼓勵的眼神、一個熱情的擁抱、一個肯定的點頭、一個友好的微笑時，也會感到溫暖、自信心增強。

但是，如果父母在激勵和讚賞孩子時語言使用不當，或者沒有掌握好分寸，反而可能令孩子變得驕傲自大，或對自己形成錯誤的認知。比如有些家長喜歡誇孩子「聰明」，說：「你眞聰明，全都做對了！」「你太聰明了，竟然能解決這個難題！」這就是個誤區。

長期被誇「聰明」的孩子容易形成固定型思維，會在任何時候都想表現得很聰明，這反而會使他們在遇到自己難以解決的問題時選擇退縮、逃避，以避免自己顯得「不聰明」。很顯然，誇孩子「聰明」並不能提升孩子的自我效能感。

那麼，怎樣激勵和讚賞孩子才算是把握好了分寸感，才能增加孩子的自我效能感呢？美國著名親子溝通專家安戴爾．法伯（Adele Faber）和依蓮．馬茲麗許（Elaine Mazlish）在探討「如何讚賞孩子」時，提出了一個操作技巧，就是用描述性的讚賞來代替評價性的讚賞。

比如當我們看到孩子有好的行爲時，就可以先把他的行爲描述出來，同時表達自己的感受，再把孩子値得激勵和讚賞的行爲總結爲一個詞，比如：

- 你今天自己收拾房間啦，眞整潔呀！收拾得很用心哦！
- 你把地板擦得很亮，桌上的書也擺得很整齊，走進你的房間讓人感覺很舒服！
- 不用大人幫忙，你就把房間整理得這麼整潔，這叫主動！

描述我們看到和感受到的，其實是通過讚賞孩子的行爲結果來強化孩子的正向行爲，以此來激發孩子的興趣和動力，讓孩子懂得努力比天賦更重要。父母日復一日地對孩子細微的進步進行描述和肯定，孩子內心的力量和自信就會不斷加強。

## 激勵和讚賞孩子的方法

### ❶ 少強調結果，多強調過程

在我們所有的激勵和讚賞過程中，一定要多強調孩子努力和行動的過程，少強調結果。這是激勵和讚賞中一個非常重要的分寸。父母善於把握這個分寸，就會讓孩子產生一種自我效能感、一種行動的欲望和衝動，下一次也會做得更好。

相反，如果你只看結果，不看過程，孩子一旦做不好就會產生焦慮、擔憂和恐懼感。在這種情況下，孩子要麼會有挫敗感，要麼會通過一些不恰當的方式「完成任務」，目的是向父母證明自己聰明，這樣的方式顯然不利於孩子增強自我效能感。

## ❷不脫離實際

有些父母爲了表達對孩子的激勵和讚賞，就沒完沒了地用各種評價性的語言誇孩子「你太聰明了！」「你眞能幹！」「你眞了不起！」「你太厲害了！」……這些語言都是不太恰當的，有些甚至過於誇張、粉飾，脫離實際。

這些也許能暫時讓孩子感到愉悅，但對於提高孩子的自我效能感並沒有什麼幫助，也達不到好的教育效果。

任何對孩子的評價都應依託於事實，我們只有找到孩子在實際中表現正向的一面，引導孩子多關注自己能改變的部分，並不斷地努力達成目標，才是增強孩子自我效能感的有效途徑。

## ❸越權威影響越大

孩子對那些在自己眼中具有很高權威的人產生的信任度和認可度也更高，比如父母、老師、同學的家長等。

爲激發孩子的內在動力，除了要經常給予恰當的激勵和讚賞外，我們還可以尋求其他長輩、學校老師、同學家長等，從不同角度、層面激勵孩子，讓孩子時常處於一個正向的能量場，也能增強孩子的主動性和自我效能感。

比起那些簡單、脫口而出的評價性讚賞，如「你眞棒」「你眞厲害」等，強調過程的描述性激勵和讚賞可能需要父母不斷地練習和揣摩。

一開始你可能找不到合適的語言，有時還會感覺很不自然。但只要我們堅持下來，就一定能在孩子身上看到進步。

# 如何培養孩子的成長型思維

在學習培養心理韌性的過程中，我們了解到具備成長型思維的孩子具有下面一些典型的行爲特徵：

- 不畏挑戰，更有勇氣挑戰超出自己能力範圍的事；
- 迎難而上，在困難面前不退縮，會正向尋找解決問題的方法；
- 足夠努力，相信努力是成功的必經之路；
- 善於反思，失敗後會正向尋找自己的不足，並進行彌補；
- 正向學習，會思考別人的成功之道，並進行正向的學習和探索。

同時，杜維克在研究過程中還檢測了不同孩子在面對困難時的腦部活動影像。結果顯示，固定型思維的孩子在遇到困難時喜歡逃避，不願意正向思考解決問題的方法，所以他們的大腦幾乎沒有什麼活動；而成長型思維的孩子更喜歡正向地應對挑戰，能從各種錯誤中吸取教訓、尋求突破，所以大腦一直處於高速運轉狀態。

那些成年後發展得很好的人，往往擁有成長型思維模式，更有自我效能感，相信能通過自己的努力、良好的策略、他人的回饋和幫助，讓自己的能力獲得提高。

而那些傾向於固定型思維的人，自我效能感就比較低，經常對自己說的話就是：「我就這麼大的能力，這種能力是天生的，我根本無法改變。」

## 提升孩子的成長型思維

### ❶允許孩子犯錯，鼓勵從失敗中獲得成長

不管是孩子還是大人，就算聖人都有犯錯的時候。對於孩子來說，因爲年齡小、自控力差、各種能力尚在發展，犯錯和失敗是再正常不過的事，但有些家長就接受不了。

在我接觸過的各類家長中，有很大一部分難以正確地看待孩子的錯誤和失敗，

會覺得孩子犯錯就是能力不行，自己也沒面子，所以一旦孩子犯錯，他們就會特別嚴厲地批評：「你都這麼大了，這點小事還做不好！」「都背了好幾遍了，怎麼還記不住？」……

每次犯錯或失敗，孩子面對的都是這樣的情景，內心體驗可想而知。當一個孩子下意識地害怕犯錯時，就會放慢嘗試新事物的速度，大腦接受外界事物的刺激也會越來越少。

一旦孩子不再願意接受挑戰，不敢嘗試新事物，又何談培養成長型思維呢？他體驗不到成就感，可能也就因此認命了，覺得自己天生就做不好這些事，乾脆就不做了。

殊不知，錯誤和失敗恰恰是孩子絕佳的學習和成長機會。對任何一個人來說，逃避失敗，就意味著放棄進步。面對孩子的錯誤和失敗，父母的態度應該是理解和允許，並且鼓勵孩子多嘗試，不斷地打破思維限制，逐漸變得強大。

## ❷引導孩子對問題合理歸因

固定型思維模式的孩子經常會把錯誤或失敗歸因為「我不行」「我能力差」等，

並且把這當成是永久、普遍的原因。這是一種較爲悲觀的歸因，讓孩子一旦陷入困境，就會認命或逃避。

成長型思維模式孩子的做法正好相反，他們即使遇到挫折、失敗，也會把它們歸因爲一個暫時、特定的原因，並且認爲這些挫折、失敗都是暫時的。這類孩子會很樂觀，也有勇氣嘗試擺脫困難，解決問題。

所以，杜維克強調，父母要引導孩子合理地對問題進行歸因，並告訴孩子：「雖然你現在沒有做好，但這只是暫時的。通過努力，你一定能夠達成目標。」不能讓孩子產生「我永遠不行」的念頭。

## ❸ 學會改變自己的想法和言語

父母可以告訴孩子，他們不需要按照別人的想法生活，也不需要徵得別人的同意做事。學會獨立思考和行動，可以從關注自己的想法和行爲開始。

先讓孩子想一想要說什麼，如果覺得要說的內容有些負面或消極，那結果也可能是消極的。那麼看一看能不能換一種說法，想一想是不是會有不同的結果。

也就是說，要讓孩子成爲自己的思想和行動的判斷者和指引者。凡是他思考後產生的想法和行動，父母都應盡量鼓勵，不要急於評價或否定。如果覺得孩子的想法或行動實在不對，也要耐心地與他協商，引導孩子想得更全面、更合理。

我們發現，正向心理學的原則更容易讓孩子培養成長型思維：用接納代替評價，用同理代替鄙視，用愛代替恨；不要降低自己的道德標準，不要看不起自己，委屈自己等。當孩子養成這種習慣，以心中的高標準要求自己時，當孩子能夠一心一意地追求遠大目標時，孩子就眞的具備了成長型思維，也會成長起來。

## 親子遊戲・自我的每一面

給自己和孩子分別發幾張彩色卡片，在上面寫下自認為優秀的一些方面。

- 第一張填寫「生理的我」：身高、體重、體型、聲音特點、五官特色等。
- 第二張填寫「精神的我」：興趣愛好、夢想願望、能力、態度、常出現的情緒等。
- 第三張填寫「品格優勢」：熱情、樂觀、樂於助人、不畏困難等。如果還有其他能描述的方面，可以繼續填寫。

將寫滿「自我描述」的卡片展開，彼此分享：「我是一個怎樣的人？」

## 第五章

# 自控力，讓孩子學會為自己的人生負責

對於很多孩子來說，理性地控制自己只是一時的行為，而失控卻是經常出現的狀況。

心理學研究發現，一個在童年時自我控制能力強的孩子，學習成績更好、心理適應能力更強、自尊心更突出、人際關係更和諧、長大後的人生整體幸福感也更高。

培養孩子的自我控制能力至關重要，能夠管住自己的人，未來才能成為自己的主人。

# 延宕滿足vs.自控力

不少家長問我：「孩子上課時容易精神渙散怎麼辦？」「孩子喜歡吃巧克力、棒棒糖等甜食，不給不行，給太多也不行，該怎麼辦？」「孩子平時學習不認眞，一到週末就熬夜打遊戲，怎麼辦？」……

我也有兩個孩子，在他們小時候，這些情況我同樣遇到過，此類讓家長坐立不安的情況在孩子身上非常普遍，其原因就在於孩子不能控制自己的注意力、情緒或欲望。

有時哪怕孩子犯的錯誤並不大，但在家長眼裡也足夠嚴重，嚴重到讓家長經常想像在未來的某一天，孩子會因爲這些能力的欠缺或不足而經歷糟糕的人生際遇，爲此擔心不已。

我們特別希望孩子能從一開始就不出現這類情況，並用盡各種辦法教育孩子，甚至動用一些非常手段，但結果通常是孩子依然我行我素，讓家長頭疼不已。

## 棉花糖實驗

從心理學角度來說，孩子的這些表現屬於缺乏必要的自我控制能力。自控力強的孩子，往往能將注意力集中在需要做的重要事情上，比如讀書時能專心致志，考試時能精力集中；相反，自控力不那麼強的孩子，可能就會在學習、做事時狀況百出，必須通過家長適當的引導甚至紀律約束，才能保持專注。

關於自控力的心理學研究，最早源於美國史丹佛大學著名心理學家沃爾特．米歇爾（Walter Mischel）。

一九六八年的某一天，屢屢戒菸失敗的米歇爾反思了自己長期戒菸失敗的原因，決定研究一個很重要的問題：自我控制，他邀請史丹佛大學賓恩幼稚園六百多名四到六歲的兒童來到幼稚園裡新設立的心理學實驗室——驚喜屋。

在這個驚喜屋中，所有孩子首先需要從面前的棉花糖、餅乾餅、小脆餅、薄荷糖中選出一種自己最喜歡的零食作爲獎品。

接下來，孩子們就要面臨兩種選擇：一種是他們可以馬上吃掉自己選擇的那份零食；另一種是暫時不吃零食，等二十分鐘後，就可以得到雙份同樣的零食。

米歇爾想通過這個實驗看一看，孩子們會以什麼方式表現他們的自我控制能力？在什麼年齡段會出現這樣的自我控制能力？以及這樣的自我控制能力具有哪些影響和作用？

這就是後來被稱爲「棉花糖實驗」的經典心理學研究，也有人把它叫作延宕滿足實驗。

什麼是延宕滿足？簡單來說，就是指甘願爲了未來更有價值和意義的結果，暫時放棄眼前短暫且即時的愉悅感。

實驗結束後，米歇爾發現這些孩子的個體差異非常大：有的孩子經不住誘惑，馬上就吃掉了零食；有的孩子堅持了二十多分鐘，並且得到了雙份獎勵。

從整體上來看，五歲左右的孩子就能表現出一種延宕滿足的自我控制能力，而年紀更小的孩子通常很難做到。

多年之後，當米歇爾無意中問起當年那些參加過棉花糖實驗的孩子的近況時，意外地發現，這些孩子在學業和社交上的表現，與他們在棉花糖實驗中的表現呈現高度的一致性。換句話說，凡是自我控制能力比較突出的孩子，未來的學習成績和社會關係都比那些不能進行自我控制的孩子好很多。

米歇爾的這一研究發現讓心理學家十分興奮，爲了更加深入地了解自控力，從一九六九年起，在長達五十多年的時間裡，心理學家總共做了三千三百多項有關人類自控力的研究。

在針對孩子的測試中，除了以棉花糖爲工具外，還包括新玩具、餅乾以及孩子們喜歡的其他事物。

## 正確理解實驗結果

米歇爾具有開創性的棉花糖實驗在世界範圍內產生了深遠影響，除了在心理學界引起巨大的反響外，在媒體和公眾當中也產生了很大的反響。

但在這個理論的傳播過程中，很多人對實驗結論都存在一些誤解，最通常的誤解來自米歇爾實驗所得出的結論推測。比如很多家長看到棉花糖實驗的結論後，就簡單地認爲：孩子的自控力完全可以決定未來的成就，孩子沒取得好成績就是因爲自控力不好。

實際上，這種簡單化的結論並非米歇爾的本意，也違背了其研究結論。在心理學上，我們把米歇爾的研究稱爲相關性研究，即一件事的發生與另外一件事的發生具有相關性，或者說有一定影響，但這並不是家長所理解的那種「因果關係」。

米歇爾想強調的是，自控力對於一個人成才、成功會有正向的促進作用，但並非每一個成才、成功的人都具備強大的自控力，也不是每一個沒有成才、成功的人就不具備自控力。

棉花糖實驗如此美妙，心理學家忍不住針對影響自控力的其他因素做了大量的研究分析。結果發現，家庭環境是否穩定、是否有安全感，以及社會經濟地位等，對孩子未來的成就同樣具有不可忽視的影響。但總體來說，我們可以這樣理解：童年時自控能力強的孩子，學習成績相對會更優秀一些，心理適應能力更強，人際關係也更融洽。

這雖然不是必然的因果關係，但自控力確實對人格的良性發展具有重要作用。

## 保護孩子的自控力心理資源

事實上，對於很多孩子來說，他們也想好好學習、認眞聽課，可就是控制不住自己、制訂的計畫堅持不來。這時千萬不要一看到孩子控制不住自己，就想當然地把責任都歸結到孩子的習慣或人格上面。孩子的自控力發展並不是家長說一說、罵一罵或者滿足一下孩子的需求就能形成的。

首先，我們需要了解自控力的科學原理。上面這些情況，可以算是我們常說的「心有餘而力不足」，從心理學角度來說，是因爲個體的自控力心理資源有限，一旦損耗過度，就會資源不足。於是我們即使很想做某件事，也難以堅持，這在心理學上被稱爲「自我損耗」（ego depletion）。

## 什麼是自控力心理資源

著名心理學家羅伊・鮑梅斯特（Roy Baumeister）在一九九四年提出「自控力心理資源」理論。

他認爲自控力是一種非常有意義的心理力量，但同時也是會消耗的。它就像我們身上的肌肉一樣，經常鍛鍊就會變得越來越強壯，而過度使用又會感到疲勞、痠疼。這也是有些人明明知道誘惑對自己沒什麼好處，但還是難以抵禦誘惑的原因。並不是我們內心不知道這樣做的壞處，而是因爲我們的自控力被消耗殆盡。

我們可以想像一下，自己有一個「心理帳戶」，存儲著你的各種「心理資產」，如堅毅、勇氣、同理心、審美感、創造力、感恩、昇華感等，而自控力就像流動帳戶裡的現金資產，它的總量有限，你一使用就會被消耗；如果不加以補充，它就會越來越少，而其所產生的利息也會越來越少。

家長平時在教育孩子的過程中，有多少是在一邊打擊孩子的自尊心、自信心，一邊強調「你就是控制不住自己，將來沒出息」這樣的概念呢？

「自控力現金」眞的很重要，並且它需要高超的「理財技術」。鮑梅斯特的進一步研究發現，當一個人連續進行需要自我控制資源的任務時，前期的自控力行爲居然會對後期的自控力行爲產生負面影響，導致總體自控力降低。

比如桌子上有一塊巧克力和一根胡蘿蔔，現在讓孩子看著巧克力卻不讓他吃、只讓他吃胡蘿蔔，這對孩子來說就是一種自控力心理資源的消耗。當他的自控力心理資源被消耗完後，你再讓他完成一些有挑戰性的任務時，他已經沒有足夠的力量完成這些任務。

鮑梅斯特的研究啓發了我們：

其一，對於孩子所具備的「自控力現金」，不能盲目地讓他「花費」，要有確定的目標；

其二，不能讓孩子的自控力過於分散，不要什麼事都要求用「自控力現金」進行結算，它應該主要用於那些最主要的目標；

其三，要適度地幫助孩子補充儲蓄「自控力現金」。

自控力是一種寶貴的心理資源，但也是有限的。明白了這一點，我們就能理解爲什麼我們讓孩子堅持學習半小時，他明明答應得很好卻做不到；或者爲什麼孩子剛開始學習時效率不錯，到後面就越來越不專注，就是因爲到後期他們的自控力心理資源不夠了，根本沒辦法很好地控制自己。

## 如何管理自控力心理資源

既然自控力心理資源會消耗，那我們能不能避免它的過度消耗，儘量「節省」一點，或者想辦法來增加呢？

心理學家告訴大家，這是完全可以做到的。我們可以從以下幾方面來管理自控力心理資源：

### ❶通過遠離法避免自控力的過度消耗

回到前面的棉花糖實驗，當初那些成功地克制自己不吃第一顆糖的孩子的自控力天生就比其他孩子強嗎？

關於這個疑問，研究人員通過隱藏的攝影機給我們揭開了答案：

這些孩子在面對眼前的棉花糖時，有的緊緊地盯著棉花糖，有的會把糖拿到手裡聞聞，有的甚至會偷偷舔一下。很明顯，這些孩子大多數都難以抵禦棉花糖的誘惑，最後沒有忍住。

但是那些抵禦住誘惑的孩子卻做了這樣一件事：他們有的用手把眼睛遮起來，這樣他們就看不到棉花糖了；有的給自己講故事，分散自己對棉花糖的注意力；有的甚至發明了一些手腳並用的遊戲，自娛自樂，目的就是不看眼前的棉花糖。

從上面的實驗情景描述中，成功抵制誘惑的孩子找到了分散注意力的方法。大量的科學研究表明，其實絕大多數孩子都不是天生的自控者，能自控的孩子也並不像我們通常想像的那樣堅強、勇敢而自律。那些學習成績優異、行爲舉止得當的孩子，也並不是靠意志力控制自己想吃的欲望，對自己說「我要抵制誘惑，我要嚴格要求自己，我要堅定信念，我要戰勝欲望」等。

實際上，他們運用了一些智慧的「小技巧」，避免自己的自控力在棉花糖上過度消耗。

智慧是比蠻力更加務實的生存之道。後期的追蹤實驗也表明，這部分孩子在長大後，很多人都能表現出更擅長規劃自己的生活，目標導向明確，知道自己要什麼，也知道怎樣避免誘惑。因此從實際效果來看，他們也更容易實現自己的目標。

他們的成功在很大程度上也是規畫的成功、專注的成功。這就提醒我們，當我們想要幫助孩子提升自控力時，不妨引導他們學會用分散或轉移注意力的方法，避免在無意義的事上過度消耗精力。

## ❷制訂更合理的計畫，減少自控力消耗

更多時候，孩子之所以不能集中注意力做一件事，最重要的原因是他們缺乏合理而周全的計畫。比如我們在學校裡就經常發現，有些學生在學習時沒有規畫，也缺少相應的訓練與習慣培養，一下想起來數學作業還沒寫完，趕緊拿出來寫；一下想起英語單字還沒背，又趕緊抱起英語書背單字……結果一樣也沒做好，一樣也沒有做精。

這樣越來越焦慮，學習效果也越來越差，久而久之就形成惡性循環，進而對學習感到無助與無力。

從前面的論述來看，這種情況看起來是學習能力不足，其本質卻是學生在自控力心理資源上的過度消耗。

「蜻蜓點水」式的自控力使用法是很不好的習慣，但「雨露均霑」式的學習同

樣低效，特別是對於中小學生來說，「不求甚解」式的學習危害性更大，會直接導致每一科都達不到最理想的狀態。孩子不但不能獲得成就感，還會導致挫敗感不斷增強。

要避免發生這種情況，父母就要特別注意培養孩子科學使用自控力心理資源的能力，幫助和引導孩子了解自己的強項和弱項、清楚自己的極限，然後制訂更加高效合理的計畫。

比如針對日常學習，可以和孩子一起制訂計畫，理性評估孩子各門學科的學習現狀，再合理地幫助他們分配自己的學習時間和要完成的學習任務，同時鼓勵並指導他們將一天中最重要的學習任務安排在自己精力最充沛、效率最高的時段，以保證孩子能在自控力心理資源比較豐沛的時候完成最重要的任務。

或者指導孩子每次只專注於一件事，培養孩子不要被其他事物分心的自我意識，可以是在某個時間段只設定一個目標，在這個過程中盡量不要打擾孩子，但需要陪伴他，以便快速地幫助孩子解決問題，讓孩子累積成就感，體會到專注和專一帶來的愉悅。

最後表揚孩子的努力過程，而不只是表揚結果，更不能把完成目標歸因爲孩子聰明，而是用類似於「你認眞做事的樣子眞好看」「我喜歡你專注完成這件事的態度」等強化孩子的正確行爲，直到孩子養成習慣。

如此一來，孩子就慢慢學會了如何控制自己的時間、精力與興趣點，從而更科學地安排自己的時間與精力，最大效能地使用、發揮自己的自控力心理資源。通過這種方式，孩子也能逐漸找到自己的內在驅動力，再通過日復一日的堅持和實踐，他們的自控力不僅不會過度消耗，還會逐漸增強，同時也有助於培養強度更高的意志力與堅毅力。

## ❸ 及時休整，為身心蓄能

良好的儲蓄習慣是保證我們生活穩定、富足的一個重要手段，而孩子的「自控力現金」帳戶同樣需要我們幫著建立良好的儲蓄習慣。及時休整，爲身心蓄能就是自控力儲蓄的最佳方式。

比如當我們剛剛進行完一次比較激烈的體育活動後，再去做其他繁重的體力勞動時，就會感覺體力不支；就算去做了，也是心有餘而力不足，心裡只想著好好休息一下，放鬆一下。這其實就源於我們的心理自控力心理資源被過度消耗了。

激烈的體育運動除了會消耗大量的精力與體力外，也會消耗大量的自控力。因爲在體育運動中，不僅需要精神高度集中，還要在體力逐漸透支的情況下堅持，這時大腦和身體就會多次發出「超負荷」的警報。

在這種情況下，我們要做的不是咬緊牙關、強撐精神去完成其他任務，而是及時休整身心，補充身體和心理所需的能量。

尤其對於孩子來說，如果在過度勞累的情況下繼續學習，不僅效果不好，還可能損害健康。所以這時你要讓孩子及時停下來休息，比如小睡一下，聽一下音樂，待身體能量恢復後再進行其他活動。這樣一來，孩子不但更容易控制情緒，還更樂於接受新的挑戰。

現在一些學校會給學生留很多作業，孩子放學回家後，還要花費很長時間寫作業。從科學角度來說，孩子放學後的作業量不應超過兩小時，以一小時多一點的時間爲佳。

因爲孩子在學校學習一天，身體自控力已經透支，回家就想舒服一下，「懶一下」，這也是獲得身心放鬆的直接需求。而大量的作業只會讓孩子身心疲憊，並且由於自控力能量得不到補充，還會使孩子第二天上課缺乏精神，從心理上也更有可能產生習得性疲倦。久而久之，這種習得性疲倦的狀態就容易發展成厭惡學習、抗拒作業等心理問題。

如果發現孩子出現類似情況，切記不要責備，而是先看最近一段時間，孩子的自控力心理資源是不是被極大地消耗了。

如果是這樣，就不要繼續強迫孩子寫作業，而是適度地減少作業量，或者允許孩子課後放鬆、週末不要參加各種補習班等，帶著孩子出去散散心、玩一玩。待孩子的自控力心理資源恢復後再投入學習，效果才會更好。

孩子的可塑性是極強的，正確地理解並對待孩子的自控力心理資源缺失，會讓孩子很快從被動與無助的狀態中走出來，進入更加正向、樂觀的生活狀態。

## 從延宕滿足到自控力

在棉花糖實驗中，有些五歲左右的孩子就表現出了延宕滿足的自我控制能力。這些孩子在未來的學習、生活中，也明顯具有較強的自控力，做事時注意力也更集中。

基於這個實驗結果，我們在日常與孩子相處時，就可以通過延宕滿足的方法鍛鍊孩子的自控力，培養他們的注意力、抗壓力等優秀品質：

五歲的女兒想吃蛋糕，媽媽並沒有馬上滿足她，而是先讓女兒等一等。但是，她也不是毫無理由地讓女兒等待，而是順勢提出了條件，比如：「假如你能多等兩個小時，媽媽就能做出一個更漂亮的蛋糕給你吃。」「如果你能多等兩天，媽媽就可以再買一杯果汁給你喝。」這樣延遲幾小時甚至幾天後再滿足女兒的要求，同時也會兌現自己的承諾。

因爲有了更美好的期待，女兒在得到自己想要的東西時會非常開心，同時也會很珍惜。通過這種訓練，女兒的自控力就比同齡孩子更好，比如有些孩子在上課時忍不住吃零食，而她總能忍到下課後再吃，將更多的注意力放在聽課上。

可能有些父母覺得，這些都是微不足道的小事。孩子想吃蛋糕就馬上給他，有什麼必要等幾個小時甚至幾天呢？殊不知，就是通過這一件件小事，孩子的自控力才能慢慢提高。

你要知道，那些能夠長期專注於一件事的孩子，可能正是從當初沒有立即吃到想吃的蛋糕、沒有立即拿到想玩的玩具開始的。

爲什麼說延宕滿足的能力與自控力有關呢？

舉例來說，當孩子意識到相比於此刻吃零食而言，聽課更重要時，他就會克制自己對零食的欲望，專注聽課。所以孩子在延宕滿足的過程中，自控力也在不聲不響地得到訓練和提升。

你可以從日常生活的點滴入手，比如當孩子在商場看到新玩具，吵著要買時，不要馬上拒絕，但也不能馬上滿足，而是引導孩子延遲自己的要求：「等你過生日的時候，爸爸就會給你買。」「如果期中考試考出好成績，這個就可以作爲你的獎勵。」

同樣，當孩子在學習上遇到困難、向父母求助時，也不要馬上告訴他答案，而是鼓勵他自己先好好思考一下，這樣孩子就能更加專注地尋找解決問題的方法。當然，如果孩子實在不會，我們也要給予適當的指導。

通過這些方法，孩子就會慢慢懂得，任何東西都不是一要就能馬上得到的，而是需要等待，需要控制自己的欲望，在達到一定要求或完成一定任務時才可能得到滿足。

## 訓練延宕滿足時的兩個要點

### ❶要循序漸進

做任何事都要循序漸進，對孩子的延宕滿足訓練也是如此。你不能一開始就讓孩子等一個小時、一天，而是先從一分鐘、五分鐘開始，然後再一點點地增加延宕滿足的時間，如增加到十分鐘、二十分鐘、半小時……這樣逐漸延遲孩子的滿足時間，慢慢地鍛鍊孩子的自我控制能力。

## ❷不要對等待中的孩子過分關注

在鼓勵孩子等待的過程中，不要給予孩子太多關注。當孩子發現父母對自己特別關注時，就可能利用撒潑哭鬧等方式來要脅父母，導致延遲滿足訓練失敗。

如果孩子在等待的過程中感到很無聊、很煩躁，我們就要運用一些小技巧、小遊戲等，把孩子等待的過程變得有趣些。比如跟孩子玩剪刀石頭布、一起讀一本書等，分散孩子的注意力，讓其把專注力放在眼前的遊戲或讀書上面。

米歇爾曾經提出一種幫助孩子抵禦誘惑、分散注意力的小遊戲——想像力遊戲。把眼前要得到的東西想像成不想得到的東西，比如把眼前充滿誘惑的棉花糖想像成石頭，這就能幫孩子克服「下一秒就把棉花糖吃掉」的念頭。

當孩子耐心地度過了延遲時間，最終拿到自己想要的東西時，我們還要表揚一下孩子，對孩子能夠控制自己的行爲給予肯定：「你今天等了二十分鐘哦，眞的很棒！」以此強化孩子的意志力。

最後還有一點要注意，延宕滿足對於提升孩子的自控力並非萬能，也不適用於所有孩子。

比如一九九二年，米歇爾的研究小組在研究報告中指出，五歲似乎是延宕滿足訓練的一條分界線，而四歲以下的孩子是不具備延宕滿足能力的。研究小組通過對更多孩子的研究還發現，八到十三歲的孩子才能較好地發展延宕滿足能力。

另外，主動延遲與被動延遲對孩子來說差異也很大。如果孩子認爲自己能夠主動掌控延遲進程，比如等待的時間由他自己決定，那麼他主動延遲的時間就會更長；相反，如果孩子認爲自己在被大人掌控，自己只能乖乖遵守、沒有話語權，那延遲時間就會大大縮短。

因此，對孩子進行延宕滿足訓練不能一概而論，延宕滿足對於孩子自控力水準的提升也不是絕對的，父母要結合孩子的實際情況進行。

# 用好習慣替代自控力

我們非常注重好習慣的養成，因爲習慣會成爲支配生活的一種力量。

從學術概念上說，習慣就是一種穩定、帶有自動化的長期的行爲方式。用心理學的術語來講，習慣是刺激和反應之間穩固的聯結。

舉個例子，對於經常使用手機的人來說，一天之內會無數次看手機，即使不接電話或處理要緊的事，每過一下也會不由自主地看，這就是習慣。

根據美國南加州大學心理學教授溫蒂·伍德（Wendy Wood）的統計，在一天裡，我們大約有四〇%的行爲都屬於習慣性動作。

這些習慣性動作猶如一個個小模組一樣，相互拼接在一起。而當我們養成某些習慣之後再去做一些事，就覺得一切都自然而然，不需要花費很多精力。

站在心理學的角度來說，這就相當於節省了很多的自我控制資源，所以，養成好習慣可以幫助我們堅持對自己有益的事情，有效地提升自控力。良好的習慣對人的終身發展也具有重大的作用與意義。

實際上，生活中每一個行爲的發生，都會刺激我們的大腦產生一個電波。而當一個習慣形成後，大腦中的神經元之間就會形成一條通道，並且這個習慣堅持越久，需要的心理資源就越低，這個通道就越寬，傳遞資訊的速度就會越快。

科學研究發現，習慣對於大腦的作用過程就相當於一個由三步組成的迴路。

第一步：當我們要做某件事時，我們所堅持的習慣就會產生暗示，促使大腦進入某種自動行爲模式，並決定採用哪種習慣。

第二步：習慣會讓大腦形成慣性思維，這種慣性思維可以是身體上的，也可以是情緒上的。

第三步：獎賞，即習慣帶來的「輕鬆就能做到某事」的益處，可以讓大腦迅速識別並記下這個迴路，以備將來採用。

例如，每天上午最後一節課的下課鈴聲響起時，小明的第一個反應都是起身衝出教室、奔向食堂，因爲這樣他就能第一個到食堂裡吃到他最喜歡的紅燒肉。

在這個案例中，下課鈴聲就是發出暗示的「導火線」，由此引發的慣性行爲就是小明衝出教室、奔向食堂，而獎賞則是可以吃到紅燒肉。由於小明每次都這樣做，久而久之就形成一種不需要思考就能行動的習慣。

當然，我們培養孩子養成好習慣，並不是爲了每天第一個衝進食堂吃紅燒肉，而是幫助孩子在無須強迫自己的情況下，只是出於習慣就能完成一些任務。

## 建立好習慣的妙方

那麼，我們怎樣運用正向心理學的方法，來幫助孩子在學習和生活中養成好習慣呢？

### ❶設定小而具體的目標

很多家長都跟我反應說：「孩子學習缺乏計畫性，有時明明設定了學習目標，制訂了學習計畫，可總是無法完成。」首先，這說明孩子的自控力不是很好；其次，可能你們爲孩子制訂的目標和計畫並不科學。

有些家長喜歡給孩子設定一些宏大卻又模糊的目標。比如希望孩子多運動，這個「多運動」就很宏大、很模糊。

怎樣運動才算「多」？沒有具體的量，孩子就不知道自己怎麼做才算是「多運動」，怎麼做又不算是「多運動」，自然也就無從下手。就算是完成目標的過程能提升自控力，但目標完不成，又何談自控力的提升呢？

爲了避免發生這種情況，我們在給孩子設定目標時，就要把目標具體化到可以操作、可以觀察和驗證、可以形成習慣的行動上來。

比如我們可以跟孩子說：「從今天開始，我希望你每天跑步五公里。」「我希望你每天能跳繩三百下。」當面對這些小而具體的任務時，孩子就會更有目標感，在進行任務時也會不斷地鼓勵自己，促使自己完成任務。只有在這樣的過程中，孩子的自控力才能在不知不覺間獲得提升。

## ❷ 制訂具體的行動計畫表

比起口頭要求，把行動計畫寫下來，往往能更強化孩子對任務的認知。與其每天爲了同一件事不斷催促孩子，不如跟孩子一起制訂一份具體的行動計畫表，列出每天什麼時間寫作業、什麼時間看電視、什麼時間進行戶外活動等。最好讓孩子自己寫下每天需要完成的任務，然後對照計畫表一步一步實施，讓任務變得更加切實可行。

爲了激發孩子對制訂計畫表及執行計畫的興趣，我們可以鼓勵他們想像一下目標達成後自己的收穫，比如可以讓身體更健康、可以讓自己做題速度加快、可以獲得老師的表揚等。

接著，再引導孩子思考一下，如果在完成任務的過程中遇到困難或障礙，自己要怎麼克服，並讓孩子寫出應對方法。比如爲了讓身體更好，孩子計畫每天堅持跑步半小時，但如果下雨，就在家做半小時的俯臥撐和仰臥起坐。

## ❸ 努力排除外界的干擾

我在處理重要的工作時，通常會把手機調成靜音，或放在看不到的位置，目的是不讓手機干擾到工作。孩子在學習或做事時，更需要一個相對安靜的環境，才能專注眼前的事。比如在孩子學習時關掉家裡的電視、電腦等。

另外，在做一件事前製造一種儀式感也很重要，如在睡前把第二天要穿的衣服準備好、放在床頭，這樣第二天起來後就不用再花費精力找衣服。這些準備工作能幫助孩子節省精力資源，從而更加專注於要做的事。

## ❹ 找到行動的支持者

任何行動都貴在堅持，而孩子興趣廣泛，明明是自己制訂的計畫表，也可能是三分鐘熱度，堅持不了幾天就放棄了。

作爲後援的家長，需要一開始就爲孩子的行動計畫找到支持者。這些支持者可以是孩子班上的同學，也可以是社區裡同齡的孩子，甚至是補習班裡的新朋友，或主動加入的其他社團的小朋友等。只要大家有共同的願望，希望一起行動、進步，就可以成爲孩子行動的支持者。

通常來說，一種新行爲只要堅持六十至九十天，就能形成穩定的習慣。在這個過程中，如果孩子遇到一些突發情況，不得不中斷幾天，但因爲有支持者，大家定時打卡、互相監督，就會激發孩子戰勝困難的勇氣。即使中間有短暫的中斷，他們也可以堅持下來。

## ❺視覺化的獎勵

當孩子在完成計畫時，持續地給予他們正向的回饋，可以加快習慣的養成。比如可以在牆上貼一些進度小海報，每次孩子完成一個計畫後，就在上面貼上一面小笑臉；連續完成一段時間後，再給予孩子一個他期望的獎勵，比如看一場電影、吃一頓美食、玩一小時遊戲等。

對於孩子來說，這種視覺化的獎勵形式與他們親手寫下的行動計畫表一樣，是可見、可感的。這既是對自己的提醒，也是向他人展示自己優異表現的「光榮榜」，可以極大地強化他們完成計畫的動力和意志力。

依靠父母的智慧和耐心，我們一定會想出很多方法來提升孩子的自控力，尤其是帶著愛、鼓勵、支持和關懷等精神及物質上的獎勵，往往能更有效地抵消自我控制資源的消耗，從而讓一個從開始厭倦做某事的孩子，逐漸成爲能夠堅持行動，並具有意志力和正向心態的人。

## 意志力：從被動到主動的自控

如果說自控力所代表的情況對人們來說是被動應對，那麼意志力所代表的就是人們更加主動地去面對，可以說意志力是自控力的升級版。

米歇爾在對人的自控力進行研究時，發現意志力控制系統有兩種模型。他將其中一種稱爲熱系統，位於大腦邊緣系統附近，是人腦最原始的部分，主導即時滿足的情緒。一旦身邊有誘惑出現，這個系統就會被啓動，人就會變得急躁，只想馬上獲得滿足，根本不會考慮後果。

而另一種爲冷系統，區域位於大腦前額葉，主導延宕滿足的自我控制能力，因此它是理性、自律的。即使有誘惑出現，它也會爲了更長遠的利益考慮而控制自己。這兩個控制系統的關係既相互協調又相互抑制。

著名作家珍・麥高尼格（Jane McGonigal）在她的《超級好！》一書中說，相比於遊戲，工作和學習就是我們最不想面對的破碎的現實，因爲遊戲幾乎能激起我們所有的內心需要：成就感、勝任感、榮譽感、歸屬感……所有我們在現實中渴望卻難以滿足的欲望，都可以從遊戲中獲得。

在現實生活中，很多網路遊戲成癮的人是很難打起精神專注於學習或工作的，因爲遊戲比學習或工作好玩太多，而它們又是唾手可得的。

這形象而科學地解釋了現在很多家長的困擾：爲什麼孩子玩遊戲可以玩一天，而學習十分鐘就感到煩躁。它反應的就是意志力的冷系統與熱系統對我們的巨大影響。

當網路遊戲出現時，誘惑就出現了，這時孩子的熱系統就會被啓動，因此他想馬上玩遊戲，甚至爲此蹺課。在這種情況下，孩子的自控力就會被消耗到遊戲上，根本沒有多餘的自控力專注地學習、工作。

但是，還有一些孩子同時調動起冷系統，冷系統的理性和自律會促使孩子對充滿誘惑的遊戲說「不」，或者「等我完成該做的事後再玩」。

雖然這些孩子也很想玩遊戲，但因爲冷系統的啓動，他們會通過延宕滿足的方式很好地控制自己即刻的欲望與衝動，讓自己先去完成眼下的學習、工作或其他更重要的事。

因此，如果一個人想提升自控力，就要通過抑制意志力熱系統的啓動，或者激發並強化冷系統啓動的方式進行。接下來我們就看看，有哪些好方法可以達到這兩個目的。

## 降低意志力的熱系統啓動

所謂降低意志力的熱系統啓動，其實就是讓孩子遠離各種誘惑，弱化情緒反應。比如在前面的棉花糖實驗中，如果我們把棉花糖放入盒子，或者用畫有棉花糖的畫來代替眞的棉花糖，再或者只是將棉花糖從桌上移到桌下，這些小小的轉變都能降低孩子的情緒反應，讓孩子願意等待。

在生活中，要抑制熱系統的啓動，就要遠離身邊的各種誘惑，尤其要避免那些過於令我們分心、分神或干擾注意力的事物出現在我們身邊。

對於孩子來說，這一點更要注意，因爲孩子的自控力相對大人來說更低，有時可能更容易被誘惑和干擾。如果想讓孩子在學習或做重要的事時不分心，就盡量讓孩子遠離那些可能會誘惑、干擾到他們的事物，降低意志力熱系統的啓動，從而讓他們利用更多的自我控制資源做更重要的事。

當然，這不是說我們一定要爲孩子創設一個絕對安靜或整潔的環境，因爲這樣的環境對孩子來說也是一種壓抑，甚至會營造出一種緊張的氣氛，反而不利於孩子學習或做事。

通常我們只需要讓孩子所處的環境有良好的光線、清新的空氣、舒適的桌椅等即可，從而營造出一種讓孩子感到自然、放鬆的生活和學習環境，不會引起孩子較大的情緒變化，這樣他們在學習和做事時也更容易集中精力。

## 激發並強化冷系統啓動

在激發意志力的冷系統方面，我建議最好多讓孩子正向參加各種體育鍛鍊。人在進行體育鍛鍊時，既要挑戰生理極限，也要挑戰心理極限，這種不斷的刺激會增加機體的適應能力。在適應之後，人的心理控制能力自然而然地就會獲得提升。

但有一點要注意，在鼓勵孩子進行以提高自控力爲目的的體育鍛鍊時，我們還要注意孩子鍛鍊的強度與持續性，不能只是簡單地放鬆一下或者三分鐘熱度。

首先，要讓孩子選擇強度適中的運動項目，如跑步、跳繩、踢球等。其次，要鼓勵孩子堅持下去，養成習慣，不能三天打魚、兩天曬網，這是沒什麼效果的。

爲了增強孩子的正向性，我們還可以鼓勵孩子加入學校的運動社團，參加社團比賽。這樣孩子在進行一些有挑戰和競爭的鍛鍊時，目標也會更明確，不僅有利於提高他們的意志力和自控力，還有利於培養他們堅忍不拔的精神，對孩子正向人品的發展極有幫助。

## 親子遊戲．自我管理小日曆

和孩子一起畫一張當月的個性日曆，再買一個小印章，從現在起，引導孩子自我管理。
每次孩子寫作業時，先引導孩子用計時器設置一個時間，如果孩子在規定的時間內完成作業，就讓孩子在當天的個性日曆裡蓋一個印章，證明自己當天順利地完成了任務；如果沒完成，就不要蓋章。
到月底進行總結，如果孩子的印章數達到一定的標準，就給予孩子相應的物質或精神獎勵，沒有達到的話可以給予相應的懲罰。

第六章

# 天賦優勢，激發孩子的內在潛能

父母對孩子的教育並不是簡單地灌輸書本上的知識，而是要擴大孩子內心的疆界，擴展孩子的綜合認知，引發孩子對世界的好奇與探索之心，並從中進行自我發現、自我探索、自我實現。

父母要用一雙善於發現的眼睛，來發現孩子的天賦。父母要用引導的方式來點燃孩子內心創造力的火焰，給他們更多的機會去嘗試，並充分地發揮孩子的優勢。

## 為什麼我們總是放大「不足」

很多人可能都有過這樣的感覺，當我們特別喜歡或欣賞一個人時，一旦對方做了一件我們不喜歡的事，或者發現了對方身上有一個自己不喜歡的特點，我們對對方的印象就會發生很大變化，這在心理學上被稱爲「負面資訊加工優勢效應」。

負面資訊加工優勢效應是指人們傾向於注意、學習和提取負面資訊，也被稱爲負面偏誤。相比於非負面資訊，我們常常對負面資訊更加敏感。這種負面偏誤廣泛存在於人們的認知中等。

研究發現，在世界範圍內，人們都對負面新聞更加敏感和關注，因此「無負面不新聞」成爲媒體行業的法則，這便是負面偏誤的典型生活化例子。

演化心理學的理論認爲，負面偏誤是一種適應性的演化功能。幾千年前，我們的祖先常常面臨環境的直接威脅，而對負面刺激的偏向性關注，有助於避開威脅生命的刺激；隨著人類社會的發展和進步，負面偏誤可能在某些情景下仍然是有助益的，但也存在消極影響。

## 反思「謙虛式教育」

在教育孩子時，不少父母的言行都會反應這種負面偏誤的心理特性。比如當孩子出現一些問題，父母不知道該如何與孩子溝通時，就會把注意力放到孩子某個明顯的缺點或曾經的錯誤上，用「翻舊賬」的方式刺激孩子。

比如說出「什麼都做不好，就知道吃」「連這都做不好，以後還能幹什麼」「你笨得像豬一樣」……這是典型的父母控制不了自己的情緒、在教育孩子上無能的表現，只能靠動用權威肆意羞辱孩子。

還有些父母親特別喜歡「人前教子」，動不動就在長輩面前或朋友家中，甚至是在大庭廣眾之下教訓、批評孩子。這可能是想讓孩子爲自己的錯誤或不夠優秀感到羞愧，從而改正自己的行爲，但這種做法明顯不對。

從某種程度上來說，這類家長與其說是在教育孩子，倒不如說是在別人面前滿足自己的存在感、控制欲與表現欲。

除此之外，還有另外一種「人前教子」的現象，就是哪怕孩子沒做錯什麼，或是做得還可以，家長也要以謙虛、嚴格要求等名義說孩子的不好、不足。

還有一些家長，即使孩子表現不錯，卻十分吝惜對孩子的讚美，只是簡單地說一句：「別驕傲啊，比你強的人多著呢！」

我曾經和一個學生聊天，他說小時候特別渴望父母在他表現不錯時能表揚、鼓勵他一下，可他從來沒得到父母正向的讚美。相反，他一直感覺自己在父母眼中不夠好，始終沒能得到這種滿足感。

即使後來考入清華大學，父母也只是說：「你本來就能考上清華，有什麼值得驕傲的？」

幾年後，他已經成爲博士。有一次，他在不經意間發現，其實父母一直都認可他的優秀，只是怕鼓勵讚美會讓他驕傲自滿，便故意擺出一副不滿意的樣子，目的是讓他時時奮進。他和我說：「當我知道了這個情況後，我不僅不感激他們，反而有一種怨恨感。」

他也知道不應該怨恨父母，也理解父母那樣做的目的，但無論如何都不能原諒他們對待自己的方式。

這種「謙虛式教育」的價值觀——從小就教導孩子不要驕傲，要謙虛，即使眞的很優秀，也要藏住鋒芒，不可張揚。很多家長寧願在一種不確定或尚未發生的狀態下定義最壞的結果，美其名「防患於未然」，但就像一位作家說過的那樣：「生活本來可以很美好，爲何卻非要以痛苦爲根呢？」我也很想問一問這類家長：「孩子本來已經很好，爲什麼在你們看來，他們總是這樣不堪？」

我們很多人都是在這種教育模式下長大的，這也是我們最熟悉的教育方式，以致我們成爲父母後，根本毋須思考，就可以本能地運用這種方式教育孩子。但我們是不是也該反思一下，這種教育方式眞的好嗎？它會對孩子產生哪些影響呢？

這種教育方式對孩子最直接的影響，就是導致孩子產生自卑心理，是一種披著美德的外衣，卻沒有科學依據的無知教育。

這種管教問題正在影響無數孩子的未來。正確的做法應該是在孩子遭遇挫折時給予理解與寬容，在孩子取得成就時不吝惜自己的讚美。

錯誤的做法不僅會導致孩子喪失自信，還會使孩子喪失對自我的認知，喪失對價值感的探尋，讓他們看不到自己的優勢所在，或者就算看到，也不敢做出任何「越雷池半步」的嘗試。做事時瞻前顧後、畏首畏尾，缺乏主動性和正向性，而且還會保守內斂，謹愼有餘而魄力不足。面對新鮮事物、新的機會，首先喚醒的不是求知欲和挑戰欲，而是自我保護和收斂。在家長眼中，他們成爲「聽話」和「有禮貌」

的「好孩子」，卻再也不是開放、勇敢與義無反顧的強者。

有一所全國知名的高中，在學校裡用軍事化管理的方式組織孩子學習，把孩子們變成了麻木的考試機器。

不可否認的是，這所學校每年都有大量學生考入清華、北大等名校，但他們不知道的是，這樣教育出來的孩子給心理學家出了很多難題。

我們眞的無法認同這些「好學生」是時代的強者與未來的希望。他們之中的很多人，考試確實很厲害，但對考試之外的事物冷漠麻木，只知道在學業上爭強好勝，卻不知道「相容並包」「厚德載物」。

他們進入名校後，需要重新建立自己的人生觀與價值觀，但這項工作並非對每個學生來說都是容易的。

通過上面的案例，我們發現傳統的管教很容易增加孩子對負面資訊的接收效應，嚴重忽視那些正向、正面的資訊對孩子成長的影響，結果使孩子喪失很多天賦優勢，變得缺乏自我意識和自信心。

## 關注優勢更益於成長

有一句話說「槍打出頭鳥」，我相信很多家長在教育孩子時，都會把這句話說給孩子聽，並且順便「告誡」孩子：「不要驕傲，不要顯擺，要低調！」「這點成績沒什麼了不起，別太出風頭！」

這些「告誡」其實都在有意無意地強調孩子的不足、缺點，或者是希望表現優秀的孩子能有所收斂，能有謙虛的「美德」，而這種「美德」實際上都在指向「不夠好」「不值得好」「表現優秀是不對的」等心理防衛習性。

家長的想法是，「不夠好」肯定是不理想的，但「太好了」也是有風險的。這種心思其實就是一種趨利避害的反應，也可以說是一種對於人生意義缺乏思考的短視。

在家長營造的這種氛圍下，孩子就會習慣性地過度關注自己的不足和缺點，同時掩飾自己的優勢。缺點可能會成爲孩子的心理障礙，而對優勢的掩飾則會降低孩子的成就感與獲得感。兩者合起來，孩子的存在感就會降低。

一個存在感低的孩子，無論如何都難以建立強大的活力與動力。久而久之，孩子就會忘記自己的優勢，即使知道也不敢表現，結果就會變得越來越不自信，甚至陷入害怕展現自己的優勢又害怕失敗的兩難窘境。

時代已經發生根本性的變化。如果你留意一下現在的社會環境，就會發現一個人所表現出來的優勢與善意多麼重要。比如現在很多大學，如果孩子在某方面表現得特別出色，就可能被破格錄取，說明分數已不再是走向成功唯一的入場券。

如果我們能夠客觀、理性與科學地看待人的成長與社會的發展趨勢，我們會因爲自己的優勢、優點而獲得周圍人的認可和關注；同時也因爲具備某些優勢，才能獲得更多的成長、進步與發展的機會。

能考高分固然代表著一種學習能力，但它並不能展現一個人的人格魅力與認知魅力，更不能代表一個人的綜合優勢與發展潛力。至於缺點和不足，那才是眞正屬於自己一個人的，而不是集體的。蘋果公司創始人賈伯斯脾氣很不好，但這並未影響他成爲當代最偉大的創新者。

我在美國教書期間，就發現一個問題，有些非常優秀的北大、清華畢業生，儘管各方面都很出眾，也勤勞肯幹，可在職場競爭方面通常比不上一些經濟發展遠不如中國的國家培養出來的留學生。

那些留學生雖然畢業成績一般，能力也不一定很強，但在職場上的表現、抓住機會不斷晉升的能力等，往往比中國子弟更強。

導致這一現象的原因當然很多，但很重要的一點，我認爲是那些國家的留學生更擅長包裝自己的優點，懂得利用自己的優勢爭取資源，而不是守著自己的弱點裹足不前。

希望家長能夠放棄一些傳統教育中不恰當的方法，認識到關注孩子優勢對於成長的意義，幫助孩子構建一個能夠發展優勢的環境，並鼓勵他們正向地去發揮、展現自己的優勢。

在這種教育環境和方式下，孩子的心態會越來越好，並能夠不斷朝著自己的優勢方向發展，未來成功的概率也會大大增加。

# 開啟孩子的優勢效應

現在很多父母只看到孩子的學習成績，看不到或者很少能看到孩子的其他天賦，錯過孩子的天賦發展。

只有發現孩子的天賦優勢，並幫助孩子將其發揮到極致，孩子才更有可能在自己擅長的方面獲得成功，這就是「優勢效應」。

馬汀．塞利格曼曾經說過，當他和女兒一起進行戶外活動時，由於女兒愛玩愛動，在做工作時總是想玩耍，他就念了一下女兒，但女兒的回應卻讓他始料未及。

女兒說：「您總是讓我改掉這個、改掉那個，可就算我真的按您的要求改掉了，我最多也就是個沒有缺點的孩子，我始終不能成爲有優點的孩子，爲什麼您總是看不到我的優點呢？」

現實中應該有很多這樣的父母。我們總認爲幫孩子改掉缺點就是爲孩子好，但孩子改了缺點又怎樣？他們的天賦優勢反而在成長過程中逐漸被忽視，或者被缺點掩蓋了，結果孩子成了一個沒有缺點卻也毫無優勢的普通孩子。

馬汀．塞利格曼和克里斯．彼德森曾於二〇〇四年邀請了全世界五十多位傑出的心理學家，從對人類社會影響最爲廣泛的哲學、宗教和文化體系中，分析出人類社會普遍認可的六大美德，然後通過心理測量的標準，遴選出與這六大美德相關聯的二十四項優勢。

這二十四項優勢不僅出現在成人身上，也出現在孩子身上。它們是普世的，是無人種與民族差別的。

## 人人都能具備的二十四項優勢

這二十四項優勢都包括哪些呢？它們都具有什麼樣的表現呢？

現在，我就把這二十四項優勢中的每一項用一句話描述出來，你可以對照自己的孩子，看看他們符合其中哪些表述。

## ❶智慧和知識

孩子經常表現出超出自己年齡的快速學習的能力和智力水準，表明他在智慧和知識方面可能更具優勢。這類孩子通常有以下幾種表現。

創造力：喜歡思考一些新的方法去解決問題。

好奇心：有很多興趣愛好，對各種新奇事物充滿熱情。

思想開放：經常能看到事物的不同方面。

好學：喜歡學習和探索，平時喜歡閱讀一些非小說類圖書。

洞察力：理解事物更全面，具有超越當下年齡應有的理解程度和水準。

如果你的孩子具有以上表現，就說明孩子的優勢集中在好學、洞察力、思維開放、創造力等方面。在培養孩子時，你也可以多從這幾個方面去拓展他的優勢。

## ❷勇氣

一些家長可能會不解：「勇氣也算是一種優勢嗎？」那我要告訴你，勇氣的的確確算是一種優勢，而且，勇氣還是孩子心中最旺盛的一種生命力。

- 勇敢：在面對強烈的反對意見時，能夠捍衛自己的立場，據理力爭。
- 堅韌：能夠堅持完成自己的任務，從來不會在任務未完成前就放棄。
- 正直：能夠獲得別人的信任，別人會相信他可以保守祕密。
- 活力：經常表現得熱情洋溢、活力四射，並且還會影響身邊的人。

以上都是孩子具有勇氣優勢的表現。這樣的孩子往往具有強大的生命力，無時無刻不在實踐自己生命的價值，不輕易對現實妥協，做任何事都能勇往直前，因而也比其他孩子更容易獲得成功。

## ❸人道主義

人道主義泛指一切強調人的價值，維護人的尊嚴和權利的思想和理論。具有人道主義優勢的人，會更有博愛之心，懂得關懷人、尊重人，一切都以人為中心。如果你發現孩子有下面這些表現，就說明孩子具有一定的人道主義優勢。

・愛：珍惜與他人的親密關係，能夠與他人做到相互關愛、分享。
・善良：願意幫助別人、照顧別人，喜歡做一些力所能及的善事。
・人際智力：在社交中舉止得體，能夠洞悉自己和他人的情感和行爲動機。

如果孩子能在上述方面有所體現，說明在人際關係方面的天賦優勢比較強。

## ❹ 公正

公正優勢通常是指一個人個性正直，做事比較公正，主要表現爲以下幾點。

・公民精神：能爲了集體利益犧牲自己的利益。
・公平：能以公平和公正的態度對待所有人，給予每個人相同的尊重。
・領導力：能帶動團體成員實現較好的協作，即使他們之間存在分歧。

如果你的孩子在這些方面表現優異，那麼他的性格優勢便集中體現在正直、公平、領導力等。這些天賦優勢會讓他在一些管理和領導活動中大放異彩。

## ❺節制

這一點主要體現在孩子的自控力方面，通常會有以下表現。

- 寬恕和慈悲：很少對他人產生怨恨情緒。
- 謙卑、謙遜：不認爲自己比他人更特殊，待人平等，爲人低調。
- 審愼：遇到事情後，總是認眞思考後再發表意見。
- 自我規範：能夠控制自己的飲食和情緒。

假如你的孩子有以上這幾點表現，說明他在很多方面都可以很好地控制自己。

## ❻超越

超越優勢是指一個人能夠更好地發現美、欣賞美，並且懷抱希望、感恩，在審美方面較有天賦。

- 欣賞美：看到美好的事物時，總能觸動內心深處的情愫。
- 感恩：對生活中所得到的一切都充滿感激。
- 希望：總是對未來充滿希望，期待新的一天到來。
- 幽默：可愛、風趣，與別人相處總是充滿歡笑。
- 靈性：相對於物質生活，更關注自己精神方面的滿足。

一般來說，具有以上表現的孩子會有一定的藝術創作天賦，如果能在這方面認眞培養，孩子往往可以較好地發揮自己的優勢，取得一定的成就。

通過了解以上二十四項優勢，你是否發現自己的孩子其實並非一無是處，反而是具備了很多優點呢？這些可能恰恰就是被你忽略的或不當回事的優點。

說到這裡，有的家長也許會感到疑惑：「就算是我的孩子具備了其中的某些優勢又能怎麼樣呢？這些能讓我的孩子未來更成功、更幸福嗎？」這要看你如何引導孩子運用自己的天賦優勢。

## 善用我們的「三種優勢」

著名心理學家阿德勒指出，人類尋找並發揮自己的優勢其實是與生俱來的能力和需求，這是生命意義的內在衝動所致。

科學研究發現，人類一出生就開始探索生活的意義，即便脆弱如嬰兒，也會用自己的方式，對自己的力量和這些力量在生活中發揮的作用進行估測。

出生後前五年，孩子便形成自己專屬的整套穩定的行爲模式，並對「自己和世界懷有何種期待」有了概念，這種概念長久且深入。

經驗在被人接納前，已經以生活意義的基礎做出了解釋，從而讓孩子形成自己的統覺規劃表。這種表單也成爲他們日後觀察世界、認識世界的基礎。

那些戴著「有色眼鏡」評判孩子的家長，在很大程度上用他們錯誤的認知與行爲方式，漠視與刻意壓制優勢，極力放大錯誤，這會動搖孩子爲自己建立意義與信心的基礎。

亞里斯多德認爲，人至少有三種優勢，值得我們利用。

## ❶身體優勢

身體優勢指的是我們的身體資源，如面貌姣好、身體健康等。

長得好看，卻把自己罩起來，不讓別人欣賞，這是對身體優勢的一種浪費。其實很多家長都習慣這樣做，看到孩子打扮得漂漂亮亮的，就會說：「學生的任務就是學習，天天打扮那麼漂亮給誰看？」「把工作做好就行了，天天花時間打扮自己有什麼用？」這就會導致孩子不注意或不敢展現自己的身體優勢。

還有些孩子不懂得保護自己的身體優勢，明明身體很健康，卻暴飲暴食、抽菸喝酒，粗暴地踐踏自己的身體。在阿德勒看來，這些行爲都是不道德的，是沒有呵護好自己的優勢。

## ❷知性優勢

知性優勢指的是一個人的智慧，也就是我們能夠憑藉自己的聰明才智幫助別人解決問題，或者對各類事情進行規畫的優勢。這樣的優勢要多多展現出來，只有讓別人感受到，你在別人眼中才是有價值的。

我們的文化在這方面更加保守。在通常的觀念裡，一個人在大眾中絕對不能過於優秀。對於優秀的內容，人們一定會找出某種消極的因素來對衝。

謙虛是一種美德，但不符合事實情況的謙虛也是不道德的。說虛僞有些過頭，但不展現自己的知性優勢，從科學上來看，的確並不是一個好的方式。

## ❸品格優勢

品格優勢也就是我們通常所說的道德、勇敢、仁慈、慷慨等優秀的品格，這也是能讓別人受益、受惠的品格優勢。

如果說憑著一身技能可以讓我們過上富足的生活，那麼優秀的品格則會讓我們品味眞正有意義的人生。

傳統的管教很容易增加孩子對負面資訊的接收效應，嚴重忽視那些正向資訊對孩子成長的影響，結果使孩子喪失了很多天賦優勢，變得缺乏自我意識和自信心。

當然，這並不是說這樣的教育毫無可取之處，而是希望家長們能夠取其精華，看到孩子身上的優勢所在，就能幫助孩子更好地發揮自己的優勢效應。畢竟，未來眞正能助力孩子成長和發展的，還是孩子身上的那些天賦優勢，而不是缺點和不足。

## 發展孩子的個性優勢

曾經有一位家長跟我交流，說自己的孩子不愛學習，在學習上不願意下功夫，卻天天關注藝術、設計等「不務正業」的東西。他認爲這純屬浪費時間，問我有沒有什麼辦法，能讓孩子把心思放在學習上。

我問這位家長：「爲什麼你認爲孩子喜歡藝術、設計就是不務正業呢？」他說：「小孩子不就應該好好學習嗎？關注那些東西有什麼用？以後考不上大學，那些奇奇怪怪的東西又不能當飯吃。」

我相信這應該是很多家長對孩子各種愛好的態度。

事實上，孩子所具備的天賦優勢不僅僅指學習好，還包括各種興趣、技能、能力、特點等，但大多數家長看到的，都只是孩子的各種表現優勢，如學習成績好不好、聽不聽話、懂不懂禮貌等，卻忽略了孩子的個性優勢，或者對他們的其他優勢視而不見，這就錯失幫助孩子利用自己的優勢走向正向、樂觀、堅韌的良機。

其實，不管是現在還是未來，孩子在應對生活中的各種挑戰時，往往更容易發揮的是他們的個性優勢，而非表現優勢。

美國著名的嘻哈音樂人布萊克·艾斯（Black Ice）在很小時就得知他說話可以影響自己與他人的情緒。

「我媽媽鼓勵我寫出一切，就算是寫得爛透了，她也會說寫得不錯，讓我繼續寫下去。」

他還告訴記者：「當我遇到麻煩時，當我很高興時，甚至當我很害怕時，媽媽都告訴我可以寫出來。我從來不是一個讓人放心的小孩，當我開始喜歡小女孩時，我寫信給我的朋友，我才不屑於寫什麼『你喜歡我嗎』。我寫信的口氣像一個成年人。我參加了一場詩歌分享會，想在那裡遇到一個女人。那是一個『開放麥克風』的夜晚，一隻貓搞砸了現場，全場的人都在圍著牠獻愛心。但作爲一個正向尋求機會的人，我想試試自己平時在理髮店裡說的那些話能不能在這裡產生效果，結果令我很驚訝。我完全能夠釋放自我，那裡的人也明白我在說什麼。」

就這樣，艾斯從那些早期的表演逐漸走向越來越大的舞臺。他連續五季出現在HBO的談話節目上，並且是獲得「東尼獎」的《百老匯的美妙詩歌》劇組中最重要的成員之一；發行了自己的第一張正式唱片，並在倫敦「Live8」音樂節上爲百萬人開唱。他的出現總是鼓舞人心、令人振奮，他總是在說家庭的重要性與青春的力量。

爲了支持他的這些理論，他還專門成立了一個「關懷運動組織」，用於說明城市裡的孩子走入正常、正向的人生軌道，同時著重發掘他們的潛在天賦。評論家熱烈地稱讚他的工作，觀眾也對此反應正向。當他站在舞臺上時，人們就能感覺到他那種忘我投入的狀態。

我在美國看過他的現場演出，也在HBO電視臺看過他的節目。的確，艾斯是一個活力充沛的藝術家。這一切都源於他從父母那裡得到的鼓舞。

在一次採訪時，他說：「進入這種狀態源於一種使命感。我的生活充滿意義，我必須寫點什麼去觸動別人。我需要保護一種精神遺產，需要將它發揚光大。我成長在偉人之間，我的父親、我的叔叔、我的祖父都是我的英雄。正因爲如此，有些事情我絕對不能說，我不能讓我的父親在收音機裡聽到我的蠢事！」

在另外一個採訪中，艾斯說：「我的聲音就是上天給我的禮物，但如果你什麼也不做，它就毫無意義。如今，我可以觀察到天賦對於一個人有多麼重要。我也有沮喪的時候，但是我知道自己肯定還能做點什麼。我的母親告訴我，『我們就是我們自己』。她要她的孩子知道這一點。現在我也想讓孩子們都知道這一點，讓七八歲的孩子都知道。我告訴他們，『你們一定會有所作為……沒有什麼需要妥協，你們一定會實現自己的理想』。」

我相信，艾斯的故事會給父母們很多啓發。努力「做最好的自己，而不是做別人認爲的最好的自己」這個道理都是一樣的。作爲家長，我們首先要意識到孩子的天賦優勢對他來說有多麼重要。其次，我們要知道怎樣發現孩子的天賦優勢，並讓它得到充分的綻放。

任何一個孩子都有屬於自己的天賦優勢，關鍵是當孩子在某一方面表現優異時，父母能否給予保護和支持，並協助孩子更好地發揮自己的優勢。如果你能做到這一點，那麼你的孩子將會非常幸運，他們也會在自己喜歡、擅長的領域更加投入，充滿激情，甚至產生一種神聖的感覺。

即使遇到困難，他們也能勇敢地去克服，而不是拖拉、退縮。這樣的孩子，更容易形成正向、樂觀的品格，未來取得的成就也會更大，也更容易獲得幸福。

# 發現孩子的天賦，引導優勢成長

現在社會上，普遍存在「比較」現象：有的家長看到別的孩子在上各種美術班、鋼琴班、英語班等，也會跟風給自己的孩子報名，卻不考慮這是不是孩子喜歡的，或有沒有這方面的天賦優勢。在他們看來，別人家的孩子學，自己的孩子也要學，自己的孩子不能比別人家的孩子差。

在這些熱衷於比較的父母眼中，才藝班就是一條起跑線。別人家的孩子已經在那條起跑線上做準備，自己的孩子不能落後。於是現在的孩子同時站在多條起跑線上，參加從「五十公尺賽跑」到「馬拉松」在內幾乎所有的項目，並且家長要求孩子的每一項成績都得是優異的。事實上，這樣的訓練不可能培養出全能型選手，最後只會一事無成。

人的身心投入資源都是有限的，我們必須認識到，主導投入的「自我效能感資源」的有限性與消耗原理。

父母望子成龍的心情可以理解，但每個孩子的個性、特長都不一樣，興趣愛好也各不相同。我們不應爲了緩解自己的焦慮與不安，讓孩子跟風學習各種技能，而應理性、客觀地控制自己的欲望，幫助孩子找到眞正的優勢，然後重點培養，鼓勵孩子發揮優勢，幫助孩子在有針對性的學習中找到樂趣、釋放潛能，獲得一定的成就。

如果有些事情對於某些孩子來說註定是不會成功的，那倒不如讓孩子把更多的時間與精力投到自己既有天賦優勢，又有更大機會可以成功的事情上。

## 了解孩子的四類行為

從正向心理學來說，孩子的行爲可以歸爲四類，而這四類行爲分別指向了孩子的核心優勢、成長型優勢、習得行爲和當前劣勢。

### ❶核心優勢

核心優勢是指優於他人，能讓一個人充滿激情的優勢。這些優勢是一個人經常運用或表現出來的特徵，並且對身邊的人來說，這些優勢是顯而易見的。

如果孩子在某個方面天賦頗高，並且孩子自己也想在這方面有所發展，父母只需要針對孩子的核心優勢認眞培養就可以了。對於一些性格天賦，如同情心、勇敢、樂觀等，我們可以鼓勵孩子繼續保持，比如讓孩子多跟人打交道，學會和各種人交往等；如果孩子遇到困難，我們也可以向孩子強調這些核心優勢，鼓勵孩子戰勝困難，更加樂觀地對待生活和學習。

## ❷成長型優勢

成長型優勢是指能讓人滿懷激情的優勢。具體來說，孩子可能在某一方面表現優異，但因爲運用這種優勢的頻率不高，我們可能發現不了，但一旦孩子有機會發展這種優勢，就會大放異彩。

比如有的孩子平時在班上，有活動也不主動參與，但是某一天他忽然覺得找同學參加活動是一件有趣、有意義的事，在團隊中能找到更多的快樂和價值感，從此以後，他可能會非常主動地參與班裡的各種活動，從中汲取更多的力量。

通過這些活動，他會逐漸發現自己的領導力優勢，這就是一種成長型優勢。這種優勢可以讓孩子變得更樂觀、更堅定，人際關係也更融洽。

## ❸ 習得行為

天賦優勢源於一個人的內在，習得行爲則需要我們從外界引入。我們大多數人的很多優勢都是在學校、父母或他人的要求之下形成的，比如學習成績、工作技能、家庭責任感等。在這種情況下，人的動機往往就是取悅別人，讓自己的生活更順利，或者獲得外界的認同。

習得行爲可能並不是我們喜歡或者天生擅長的，但需要我們後天學習或掌握它們。

對於孩子來說，能夠充分發揮自己的天賦優勢自然最好，但同時也要發展一些自己不那麼喜歡或擅長的技能。

如果一個人想在某個領域有所成就，就必然涉獵相關學科的很多知識。如果不接觸，就很難拓展自己喜歡的專業領域並提升自己的專業技能，也很難在自己喜歡的學科上取得突出的成績。

習得行爲是可以通過後天發展的，在父母的鼓勵和引導下，孩子可以表現出不錯的水準。

當然，如果這不是孩子的天賦所在，即使付出再多努力，孩子也不及他運用優勢時所能達到的水準。再者，由於孩子在運用習得行爲時不太可能充滿激情和動力，所以還需要父母不斷地提醒，耐心幫助孩子培養這些新能力。

## ❹ 當前劣勢

簡單來說，當前劣勢就是指孩子在當下做得不夠好的方面，比如某些能力還比較弱、某些科目成績還不理想，或者性格中某些方面比較弱等。

每個人都有自己的優勢，同樣也有自己的劣勢，重要的是，我們一定要讓孩子正視這個事實。一些凡事都從優勢出發的父母，往往看不得也接受不了孩子在某些方面的不足，總是試圖讓孩子變成一個十全十美的人才。他們會一直關注孩子的劣勢，試圖運用各種辦法將孩子的劣勢轉變爲優勢。

其實這種做法於孩子的成長和性格養成並沒有什麼好處。英國應用正向心理學中心創始主任艾力克斯．林利（Alex Linley）說：「只有在充分利用自身優勢的基礎上，我們才可能通過戰勝自身的劣勢獲得成功。」

彼得·杜拉克也曾經說過，那些非凡的領導者，致力於讓自己的優勢互聯，最終讓自己的劣勢變得無足輕重。他還毫不避諱地指出，我們每個人「都有一大堆缺點」，如果把焦點放在優勢上，劣勢對我們的影響就微乎其微了。

所以，面對孩子當前的劣勢，我們沒必要揪住不放，只需要向孩子傳遞以下三條重要的資訊即可：

第一，每個人都有自己的天賦優勢，同樣，每個人都有自己的劣勢。

第二，有劣勢和不足並不意味著你一無是處，恰恰相反，它說明你是個正常人。

第三，不要過度關注自己的劣勢，借助你的優勢慢慢戰勝劣勢，才更有意義。

也就是說，我們要引導孩子多看到自己身上好的一面，以正向、樂觀的態度面對生活和學習，從而通過充分發揮優勢效應，彌補那些不擅長或不完美的地方。

當然，這並不是說我們要對孩子的缺點視而不見，在適宜的情況下，當然可以引導孩子採取必要的措施改正錯誤，或者利用優勢效應，讓孩子對那些原本不太喜歡的事產生興趣，用自己的優勢來彌補劣勢。

## 利用優勢效應，把不喜歡變成喜歡

人的一生中最重要的就是做自己喜歡的事，這樣才能獲得幸福感和成就感，對於孩子來說同樣如此。如果他們每天都要面對自己的劣勢，做著自己不喜歡、不願意做的事，那麼他們的生活就毫無快樂可言，更談不上發揮天賦優勢了。

比如大部分孩子都不喜歡做家務，不喜歡整理房間，更不要提每天洗碗了。但是，塞利格曼的家裡就有三個喜歡洗碗的孩子。

那麼，塞利格曼是怎樣把天生討厭做家務的孩子變成喜歡洗碗、對做家務樂此不疲的孩子的呢？答案很簡單，就是利用優勢效應發揮他們的優勢。

塞利格曼通過觀察三個孩子發現，最小的兒子雖然年紀小，洗碗不熟練，但他的核心優勢是最具領導力，而他的兩個哥哥則具有仁愛、團隊合作等優勢。

於是塞利格曼就把三個孩子組成一個洗碗小組，同時任命最小的孩子爲組長，鼓勵他與兩個哥哥商量如何分工，每個人每天各完成多少工作量等。

通過把孩子喜歡做的事和洗碗這個任務聯繫起來，大家的正向性就都被充分調動起來了，三個孩子每天恨不得飯沒吃完就開始洗碗。

塞利格曼的方法給了我們很多啓發，讓我們明白如何利用優勢效應，把孩子原本不喜歡做的事變成他們喜歡做、值得做的事。

從故事中可以看出，善於利用優勢效應來引導和教育孩子的父母採取的方法更有建設性，讓孩子因自己的優勢得到發揮而感到幸福。

朋友每次開車帶孩子外出時，都會因爲孩子不繫安全帶而鬧得不愉快，這讓他很是頭疼。後來在一次性格測試中，他發現孩子的領導力比較突出，於是他就想了個辦法。

在這之後，每次他們準備開車外出時，他就跟孩子商量：「現在我們要出發去公園，我和媽媽推選你來當『乘車安全員』。每個人上車後的第一件事應該是繫好安全帶，但爸爸媽媽有時可能忘記，所以你要在第一時間監督大家。如果屢教不改，你還可以懲罰他。當然，在監督大家之前，你要先繫好安全帶，這樣才能給大家做好表率。」

聽了爸爸的話，孩子一下子就開心起來，趕緊點頭，表示願意擔任「乘車安全員」。上車後，他果然第一時間繫好安全帶，然後開始履行監督職責，看了看爸媽，確認大家都繫好安全帶後，才滿意地宣布：「我們可以出發了。」

當然，有時爲了配合孩子，讓他更有成就感和做事的動力，朋友還會故意忘記繫安全帶。等到孩子發現後，他再表示抱歉，並做出正向配合的姿態，並接受處罰。

作爲父母，你越擅長從孩子的優勢出發，就越容易處理孩子那些未能充分發揮優勢或者凸顯劣勢的問題，而孩子也會在這個過程中慢慢懂得，自己其實還有很多優勢可以發揮。

這樣一來，孩子的自信心和動力就會得到增強，也能從中獲得很大的成就感。以後再面臨類似的問題，孩子會嘗試運用自己的優勢擺脫困境，正向進取。

## 用「補強法則」培養更多優勢

全球知名的蓋洛普公司曾經對五十一家公司、一萬多支團隊、三十多萬名員工進行了長達三年的追蹤研究。

結果發現，那些能夠發揮自身性格優勢的員工，在爭取顧客方面表現得更好，工作效率比其他員工高四四%，生產力高三八%。那些善於發現及運用下屬性格優勢的經理，成功率高達八六%。這一結果是建立在對兩千多名經理的優勢調查基礎之上的。

通過這一調查資料，我們可以看出，有時費盡心機地彌補短板，不如盡量發揮自己的優勢。

對於孩子來說，如果未來他們能在工作和生活中充分發揮自己的優勢，讓優勢匹配自己的事業，那麼他們也能活得更開心，收入水準也會更高，從工作中收穫的成就感也會更大。很顯然，這樣的孩子也更容易獲得幸福感。

既然如此，我們如何幫助孩子發揮優勢，或者說如何幫他們培養優勢，使他們的優勢進一步發展呢？

通常來說，我們可以對照前文中的二十四項優勢，或者通過心理測試來了解孩子的優勢，然後有針對性地去培養。同時，我在這裡再推薦兩種更簡單的方法，希望對家長朋友有所幫助。

## 引導孩子說出「最好的自己」

「最好的我」這是正向心理學的一種干預方法，也叫正向的自我介紹。它是通過孩子不斷地參與演說、表達和介紹自己的優點，來幫助孩子找到自身優勢，同時對自己產生強烈的肯定和明確的認知，從而讓他人感受到孩子所具備的優勢與魅力。

這要比簡單地說一下自己的履歷、學位、學歷等更加形象鮮明、重點凸出，同時也更容易打動人心。但要講一個關於優勢的故事，可能會被認爲是驕傲自滿、自吹自擂，但從心理學角度來說，用正確的方法說出自己的故事，目的不是讓我們自己感覺良好，而是讓我們能夠有意識地糾正自己對負面資訊加工的偏差。

提出「優勢教育」的正向心理學家克里斯·彼德森就講過一個他「正向自我介紹」的故事：

「我一個在大學裡的朋友，要開始教授一門新的課程。在備課過程中，他發現學校圖書館裡沒有任何與課程相關的電影或影視資料。那面對這種情況，他是怎麼做的呢？

「我所在的學校裡有很多影片資料，於是我到圖書館查找了很多與課程內容有關的錄影帶，還買了空白錄影帶，又向一個在密西根大學工作的同事說明了來意，借了實驗室的拷貝機。同事允許我借用一節課的時間，於是我就坐下來拷貝錄影帶，一坐就是四個小時。

「每隔一段時間，那位同事就會走過來，看我是否還坐在那裡。最後，他終於忍不住對我說，『這麼多怎麼可能做得完，你為什麼不讓你的學生替你做這個呢？畢竟你的朋友也不會知道，這是不是你親自做的。』『確實，』我說，『但是我自己知道。』

「這是我最棒的時刻，我為自己的行為感到自豪。注意，我並不是每一天都是這樣，沒有人會把我當作德蕾莎修女，但這是很不錯的一天。當然，也確實有些枯燥無聊。如果按錯了按鈕、前功盡棄，我也會特別沮喪。不過，那確實是非常美好的一天。」

在這個故事裡，我們看到了彼德森的善良和毅力。這就是一個「最好的我」的故事，有人物，有場景，有細節，講述者毋須進行主動評價、總結，聽眾就能強烈地感受到講述者的優勢。

很多外國孩子都特別擅長講這樣的故事，沒有炫耀、宣傳，但講完故事後，我們當即發現這是個具有優點的孩子。

我們不要求孩子拿出多好的成績，只是通過講述他們爲人處世的故事，就能把自己的品德優勢展現出來。

那麼，我們怎樣引導孩子發現並說出自己的優勢故事呢？

最好的辦法就是找個固定的時間，所有家庭成員坐在一起，互相分享彼此的優勢。首先由父母帶頭，告訴孩子，你總結出來的每位家庭成員的標誌性優勢是什麼，是通過什麼故事和行爲表現出來的。然後再由孩子來介紹，在他心目中，每位家庭成員的標誌性優勢是什麼。同時鼓勵孩子說一說，他是基於哪些故事或具體行爲得出這個結論的。

其次，對比一下你的感受與孩子的體驗是不是相同。如果出現了偏差，再和孩子一起分析一下，是什麼原因導致認知偏差，從而引導孩子關注在生活中如何以正確的方式向周圍的人展現自己的優勢。

接下來，你就可以鼓勵孩子說出自己的優勢故事。故事內容不用太多，只需要圍繞自我感覺最好、最想與別人分享的一兩個優勢，尋找與之對應的故事，再用自己的語言表達出來即可。

在孩子表達時，我們不要著急評判，可以不時地以點頭、微笑等來回應孩子。在孩子講完後，我們可以適當地進行補充、引導，讓孩子在正向愉快的氛圍中感受到發揮優勢給自己帶來的成就感和滿足感。

現在很多大學在開學時，都會要求學生做自我陳述，講講自己的優勢是什麼。換句話說，如果從現在開始就訓練孩子正向地講述自己的優勢故事，那麼未來在他上大學、進入社會後，就會更加自信、更加自如地講述關於自己的優勢故事。

這種教育方式其實就是運用「補強法則」強化孩子的優勢，幫助孩子建立自信心，增加孩子的優越感，同時也是促進孩子在未來更好地展現自我、適應社會的一種有效策略。

## 更換場景，幫助孩子拓展自己的優勢

優勢的運用並不局限於某個具體的領域，而是具有可遷移的輻射效應。找到自己的核心優勢後，不斷地把它擴展到新的領域，找到運用它的新途徑，往往能讓我們各方面都表現得更加得心應手。

所以，孩子平時在玩玩具時，我們就可以引導孩子不但要模仿別人的玩法，還可以自己嘗試創造一些新玩法。

在爲孩子講故事時，不僅可以閱讀現成的繪本，還可以跟孩子一起編新故事。通過這種更換場景的方式，說明孩子把自己的優勢拓展到不同的領域，從而強化他們的天賦優勢。

## 親子遊戲·發現優勢行動

家長選出「幽默」「勇敢」「善於發現美好」這三個優勢，分別讓家中擁有這三個優勢的人舉手，然後讓擁有不同優勢的人分別做以下的事：

- 選擇「幽默」的人：用兩分鐘時間把全家人逗笑。
- 選擇「勇敢」的人：講一件自己做過的最勇敢的事。
- 選擇「善於發現美好」的人：觀察一下自己的家，發現三件美好的人、事、物，並說出它們的美好之處都體現在什麼地方。

也可以選擇其他優勢選項，與孩子進行這個遊戲，通過遊戲讓孩子理解優勢的重要性，以及如何更好地發揮自己的優勢。

第七章

# 專注力，讓孩子在投入中體會幸福

專注力是孩子學習知識和技能、取得好成績的重要原因之一。

一個具有較強專注力的孩子，不僅能在各種情況下很好地發揮自己的潛力，把事情做到最好，在面對困難時也更正向、更樂觀，相信憑藉自己的專心致志和堅持不懈可以戰勝困難。具有這種能力的孩子，他未來的人生也一定會非常豐富多采。

# 專注力是有限資源

人類認識世界的一切資訊與智慧，都是通過專注力獲得的。，專注力可謂是一切認識的基礎。

如今網路上充斥著各種各樣的建議，教給我們和孩子如何在面對大量干擾因素時集中注意力，但其中的很多方法要麼根本不切實際，要麼過於強調專注力的練習，消耗了孩子大量的認知資源和心理能量，反而影響了孩子的專注力。

事實上，過量的資訊對於教育來說反而是負面影響。尤其對於本來就不善於分辨的家長來說，太多的資訊只會讓他們感到焦慮和困惑。

## 不斷被消耗的專注力

仔仔是一個兩歲多的小男孩。有一段時間，他特別喜歡惡作劇，要麼爬到米桶裡翻米粒玩，弄得滿地都是；要麼就是端一杯水，倒入麵粉，然後用手抓來抓去，弄得到處都是白花花的麵粉和麵糊……

仔仔的爺爺奶奶完全受不了，每當發現仔仔又要玩時，就馬上阻止仔仔，把東西都藏起來，還說：「有那麼多玩具，非得玩食物，太浪費了！」仔仔的活動被打斷，氣得哇哇大哭。

仔仔的媽媽不同意爺爺奶奶的做法。她聽一位教育專家講過，這個時期的孩子玩這些是很正常的事，說明孩子對像米粒這類細膩的物品，或者像麵粉這種能變形的東西具有濃厚的興趣。

此時最好的做法就是讓孩子玩，不去打擾他，這樣對於培養孩子的專注力特別有幫助，但爺爺奶奶根本聽不進去。爲此，仔仔的媽媽和爺爺奶奶當著仔仔的面都不知爭執了多少次……

這個案例就體現出了家庭教育當中的一個問題，即孩子在做一件事情的時候，我們能不能憑藉大人的好惡來打斷他們的行爲。

這個問題對於早期兒童教育來說是特別需要注意的，雖然不正確的教養方式不足以犯下致命的錯誤，但在培養孩子專注力上面卻會造成極大的傷害。

事實上，在諸多兒童早期關鍵素養中，很多家長無意識的、不恰當的干預行爲或者不同的教育理念等，都會導致孩子的專注力難以集中，孩子長大後，做事也容易半途而廢，這時家長又會責怪孩子，殊不知眞正的罪魁禍首恰恰是家長。

此外，還有一些家長容易相信網路上的一些培養專注力的方法，甚至每個方法都想試一試，這樣過於頻繁地變換教養方式會消耗孩子大量的認知資源和心理能量，更不利於專注力的養成。

更重要的是，家長根本無法意識到那些建議與心理學家發現的人類專注力的運作方式實際上沒有多大關係，有些甚至還違背了人類大腦運作的自然規律。我們強調的是人類大腦的注意特性，以及正向心理學的教養原則。所以，教育孩子不能靠感覺，而要靠眞正的科學教養原則。

那麼，心理學家是如何認識人類的專注力的呢？

## 注意力的局限

一九九九年，哈佛大學的一位年輕的教授丹尼爾．西蒙斯（Daniel Simons）在給學生上關於心理學研究方法的課程時，與他的助教克里斯．查布利斯（Christopher

Chabris）一起合作，做了心理學史上的一個非常著名且有趣的實驗——「看不見的大猩猩」。

這個實驗後來還獲得了二〇〇四年心理學界的「搞笑諾貝爾獎」。現在，幾乎所有心理學教材都會提到這個實驗。

這個實驗是這樣做的。

西蒙斯和他的助教利用哈佛大學心理學系的教學大樓製作了一部簡短的電影。在影片中，一隊學生穿著白色球衣，另一隊穿著黑色球衣。兩隊學生都在不停地移動，互相傳接籃球。

影片錄製完成以後，西蒙斯便將它播放給志願者觀看，讓他們計算身穿白色球衣隊員傳球的次數，同時完全忽略穿黑色球衣隊員的傳球次數，並且無論是空中傳球還是接地傳球，都被算作傳球。

影片持續不到一分鐘。播放結束後，兩位心理學家立即詢問前來參加試驗的志願者，影片裡三位穿白色球衣的學生到底傳了幾次籃球。

實際上，正確答案是多少次並不重要。兩位心理學家之所以要求志願者記住傳球的次數，是想把他們的注意力集中到螢幕上，而不是考察他們的計數能力。

這個實驗的「玄機」在於，在影片中間除了穿白色與黑色球衣的學生外，他們還安排了一個僞裝成大猩猩的人，讓他在人群中間走過並稍微停頓，模仿大猩猩對著鏡頭敲打自己的胸膛，然後走開，整個過程在螢幕上不超過九秒。

心理學家詢問了志願者一連串的問題，如：「在你爲傳球計數的時候，看到什麼與衆不同的東西了嗎？」「除了學生，你還看到了什麼？」「你看到了其他人嗎？」「有沒有看到大猩猩？」「有沒有看到選手退場？」「背景有什麼變化？」等。

有趣的是，在這項實驗中，大約有一半的人沒有看到大猩猩。但是，當他們重新觀看錄影後，或是在沒有計數任務時，卻輕而易舉地發現了人群中的大猩猩。

很多志願者都驚訝地表示：「這麼明顯的大猩猩，之前我怎麼沒看到啊！」這是因爲當人集中注意力數傳球次數的時候，很容易忽視其他事情。

後來，NBC、BBC等著名電影片道都重複了這個實驗。實驗結果顯示，有些參與實驗者甚至不承認影片中出現過大猩猩。他們認爲兩次觀看的影片根本就不是同一個版本。

這個實驗在不同的國家、不同的人群中間重複了無數次，結果基本一致。那些參與實驗的人，有一半都沒有發現人群中出現的大猩猩。這個實驗說明，人類在注意力方面存在一定的局限。

到底是什麼原因導致這麼多人看不見大猩猩呢？其實這是一個直覺錯誤的範例。在心理學領域，我們稱之爲「不注意視盲」。

雖然大猩猩在人群中非常明顯，而且停留時間也足夠長，但由於實驗中的人完全把視覺注意力都集中在了自己認爲重要的事情上，結果忽視了那些他們不需要看的東西，儘管這些東西非常明顯。

## 注意力系統的啓動

人經常會產生這種視而不見的行爲。主要是因爲我們經常需要一心一意地關注那些自以爲最重要的事情。

目標很明確，所以對自己期待看到的事物非常敏感，自動忽略了那些不重要或不需要關注的事物。導致這一現象產生的原因並不是我們的專注力出現了問題，相反，從演化的角度來講，這種現象具有一定競爭優勢。

比如當我們感到飢餓時，發現食物的能力就很強；口渴時，我們會在一堆東西中迅速找到水；很多人開車時還會注意到，大街上的車有很多跟自己的車同款……

這些都是因爲我們的大腦已經準備好要解決一個特定問題，於是不自覺地過濾掉各種讓我們分心的事物。

一九九五年，倫敦大學學院心理學家妮莉・拉維（Nilli Lavie）提出「負荷理論」，認爲人類的大腦在任意時間內所能處理的外界資訊都是有限的——一旦大腦被這些資訊塡滿，就會啓動注意力系統來決定應該先關注哪些事情。所以要提升專注力，就必須訓練我們的調控系統，同時也要訓練分配注意力的能力。

由此可見，很多時候我們說孩子的專注力差，其內在原因並不是孩子不專注，只是因爲他們選擇注意了那些他們覺得更有趣的事情而已。

這並不是一個讓家長多麼抓狂的問題。事實上，判斷一個孩子是否專注力出了問題，不用非從他在學習或課堂上是否分神得出結論，而要看他是否能在某一個感興趣的內容上長時間保持專注。

如果可以長期關注某件事，那麼這個孩子的專注力機制完全沒問題，他只是對課堂沒那麼感興趣罷了。這不是專注力的問題，而是心理偏好的問題。

科學家證明，如果我們對所有事物都保持關注，不僅很可能一事無成，還可能引發一些意外事故。

## 帶孩子進入心流體驗

生活中充斥著各種各樣的資訊，每天一睜開眼睛，我們就會毫無防備地跌入一片資訊的汪洋，難以專注於一件事，時間和精神能量都變得支離破碎。

加州大學爾灣分校的格洛麗亞．馬克（Gloria Mark）教授研究發現，在平時的工作中，人們平均每三分五秒就會被打斷一次，但要重新進入工作狀態，卻需要二十五分鐘左右。

這種情況在兒童和青少年身上體現得淋漓盡致，現在許多孩子被診斷患有注意力缺陷多動障礙，學習時注意力不集中，經常走神或發呆，讓父母非常著急。

說起專注力，我們先熟悉一個概念——心流。

「心流」這個概念最早是由美國心理學家米哈里．契克森米哈伊（Mihaly Csikszentmihalyi）於六、七〇年代提出。

契克森米哈伊在研究中觀察那些畫家、棋手、攀岩者以及作曲家等在相關領域有傑出成就的人，結果發現這些人往往可以全神貫注地投入他們的工作或活動，時常忘記時間，有時甚至根本感覺不到時間的流逝。

他們的注意力非常集中，對身邊發生的事缺少感知，不容易受到周圍事物的干擾，因此「心流」就被定義爲一種最佳的投入狀態，一種高度專注、渾然忘我的巔峰體驗。

在這種狀態下，一個人不會覺得他在面臨挑戰時不能充分發揮他的技能，也不會覺得這些挑戰超出了他的能力，他有清晰且可達成的目標，以及關於進展的清晰回饋，這種狀態就是人類愉快的享受。

雖然契克森米哈伊是從很多畫家、棋手等專業人士入手研究心流的，但他指出心流並不局限於這些專業人士或創造者，也存在於大眾群體之中，包括熱愛學習的青少年、熱愛工作的白領，以及熱愛家務的家庭主婦。

也就是說，心流體驗的發生與職業、年齡、工作場所等無關，任何人都有可能體驗到心流。那對於孩子來說，怎樣才能獲得那種沉浸於顛峰狀態的心流體驗呢？我們通過研究發現，一般需要具備以下條件：

## 挑戰與技能相平衡

想要獲得心流體驗，很重要的一個條件就是，孩子所面臨的任務難度要與他掌握的技能相當。一般來說，任務難度可以稍稍高於孩子現有的能力，是讓孩子「跳一跳」就可以搆到的高度。否則，孩子就無法獲得這種體驗，也不能專注於任務。

這一點不難理解。在日常生活中，當我們準備做某件事時，一旦發現這個任務太難了，根本沒法應對，就會很沮喪、很焦慮乃至選擇放棄。不相當的對手讓本來可以產生快感的樂趣變得索然無味，甚至充滿苦澀。這種情況下，你顯然無法獲得心流體驗。

有趣的是，當我們的能力遠遠超出面臨的任務或活動的難度時，你會感覺毫無挑戰性，甚至還會產生厭倦感與逃避感，只想快快結束。

只有當雙方勢均力敵時，我們才會專注，生怕一不留神就被對方打敗。當然，就算最終被對方打敗，我們也會感覺特別痛快，因爲我們已經進入心流狀態。

契克森米哈伊將這種心流體驗過程畫成了一張「心流通道」圖（見圖二），來形象化地解釋心流發生的狀態與條件。通過這張圖我們可以看到，任何一個人想要專注於某件事，都要保證所面臨的任務或活動難度與自己的能力水準相契合。

孩子也是如此。通過圖二也可以發現，如果孩子想進入心流通道，要麼需要適當地調整任務或活動的難度，這是體驗心流的前提。

降低任務或活動的難度，這一點相對來說比較容易做到，而提高應對任務的能力水平，在多數情況下不容易在短時間內做到。這需要孩子投入足夠多的時間和精力練習與精進，其本身就是對孩子的能力和技能的一種有效鍛鍊，可以慢慢地提升孩子的各項能力水準。

## 目標明確，獲得及時的回饋

在日常生活中，家長經常要求孩子做計畫、定目標，但有時設定的目標太大，以致到了實際操作時根本無從下手。

所以在孩子制訂計畫或目標時，要引導他們別把目標定得太遠，即使剛開始定的目標比較大，也必須把大目標切分成具體、比較容易實現的小目標，確保孩子在行動時，知道自己每一步該怎麼做，而且也清楚自己下一步該做什麼。

如此一來，孩子在追求目標的過程中才有可能完全將注意力投入其中，不斷積累小成就，在過程中逐漸進入心流狀態。久而久之，孩子就會形成一種穩定、正向

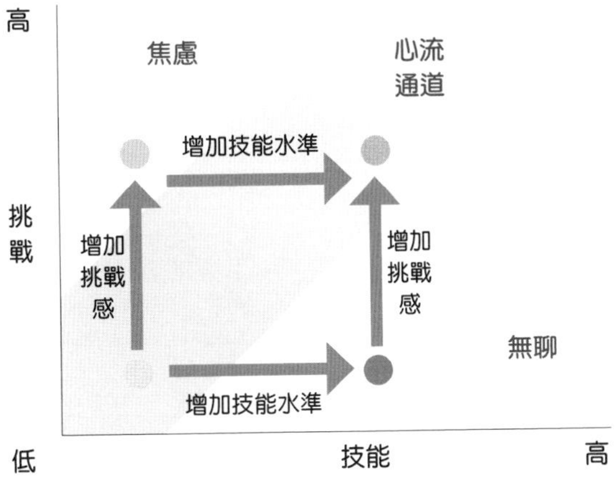


**圖二　心流通道**

的心理狀態，從而保證那個最大的目標也能在快樂與投入中不知不覺地實現。

如果只有目標，沒有及時的回饋，那麼孩子就無法確定自己的狀態是怎樣的，任務到了哪一步，以及還需要注意哪些問題等。

在說明孩子確定目標的同時，還需要及時給予回饋，對於獲得心流體驗來說非常重要。在逐漸完成目標的過程中，如果發現完成得很好、很順利，要及時給予鼓勵和表揚，增強孩子繼續努力的信心，讓他們在接下來的行動中更加專注、用心。

如果完成得不理想，則要及時引導孩子糾正錯誤、提高能力，以便在下一步的行動中能更順暢地完成目標，獲得沉浸巔峰的心流體驗。

## 用SMART原則專注於目標

一位朋友的女兒上小學四年級，她說女兒學習很勤奮，每天放學回家後，很快就能完成老師出的作業，還會做一些自己買的練習題。可女兒雖然很努力，但成績一直不太理想。

後來她問我問題到底出在哪？我詳細地了解了一些情況後，問她有沒有說明孩子設定一些目標。她很驚訝地說：「怎麼設立？孩子每天按照老師教的來學就行了。」

我覺得這可能就是孩子成績一直上不去的原因。因爲沒有學習目標，孩子的學習就缺乏規畫性和系統性。老師今天教的，她今天可能學會了，但也僅限於今天學會了，過幾天可能就忘了。而且因爲缺乏目標，孩子對自己也沒什麼要求，學習時自然也就缺乏動力和專注力。這種毫無目標的學習是沒有效果的，成績自然也就很難提高。

看到這裡，一些家長可能會問：「我們如何說明孩子確立目標？什麼樣的目標才是明確有效的，能夠發揮指導效果？」

## 設定目標的「SMART原則」

最初這一方法主要用於企業管理，後來逐漸在各個領域推廣，被用於提高目標設定。

在正向教養領域，SMART原則對於孩子設立目標同樣大有說明。SMART是五個英文單詞首字母的縮寫，包括具體性、可衡量性、可實現性、相關性和時限性。

### ❶具體性（Specific）

無論是設定學習目標，還是其他目標，孩子設定的目標都必須是具體可行的。對於繪畫、寫作等一些富有創造性的學習專案來說，目標可能沒那麼明確，那麼我們可以讓孩子專注於其中的某個部分，比如關注寫作的用詞、結構等。

在繪畫時，如果孩子無法從一開始就想好自己具體要畫成什麼樣，那就在畫到某個程度時，讓孩子判斷一下這是不是他想要的或者這是不是他希望達到的水準，這些都是一個個具體的目標。

當孩子能夠專注於小的具體目標時，他們就會逐漸進入心流體驗，同時專注力也會一步步獲得提升。

## ❷ 可衡量性（Measurable）

孩子設定的目標不但要具體，還要可以衡量，這樣孩子才能知道自己到底有沒有達到目標。

這裡需要注意的是，我們要引導孩子盡量避免設立一些本身就極易變化的目標，比如下次考試要超過某某，下次考試要進入班級前十名等。這類目標看似很具體，實際上卻極易變化，其結果有可能是孩子自身的原因導致的，如考試時身體不適、發揮失常等；也可能是由外部原因導致的，如對方生病等。這種情況下即使孩子達成目標，也並不會欣喜。

所以，如果一定要比較，不妨引導孩子與自己比較，如一個月後要把跑步時間從現在的三十分鐘增加到一小時，期末考試要比期中考試提高多少分等。

## ❸ 可實現性（Attainable）

這一點與挑戰和能力相匹配的要求是一致的。

我以前的一個學生，學習十分刻苦，平時表現也很不錯，但考試成績總是排在中游。我讓他給自己制定一個目標，他也很聽話地制定了，卻一直無法達到他自己制定的目標。

後來我跟他溝通了幾次，發現他對自己特別缺乏信心，總覺得自己不行。結果在這種心態的影響下，他在考試時會發生各種各樣的失常狀況，考試成績自然一直達不到理想狀態。

在孩子設立目標時，我們還要引導孩子認真思考一下，他是否眞的相信自己能達到這個目標。

如果他對自己缺乏信心，那麼這個目標就毫無意義。此時我們要做的，就不是協助孩子制定目標，而是先說明他處理心中的不自信、不合理的想法。

只有孩子內心堅信自己可以達成某個目標，他在實現目標的過程中才會更加專注、更加用心，目標才有可能眞正實現。

## ❹ 相關性（Relevant）

目標的相關性是指某個目標與其他目標的相關情況。有些家長可能認爲，我們幫孩子制定小目標，肯定是爲了實現一個大目標，但在具體操作中，我們很容易把目標定偏。

比如孩子正在準備英語的單元測試，他把複習英文課文設立爲其中的一個小目標。但是在過程中，他一直在關注課文內容，卻沒有深入地複習課文中的生詞和語法，這就是一種目標上的偏差。

再比如一些非常認眞的學生在複習時，會把整理筆記作爲複習中的重要環節，然而在實際操作中，他們只是重新抄寫了一遍筆記，讓筆記變得更加整潔而已，並沒有對其中的內容有更深入的理解和掌握，以上都是我們要提醒孩子注意的。

## ❺ 時限性（Time-bound）

孩子在制定目標時，不管制定的是大目標還是小目標，都需要設定一個截止日期。也就是說，孩子要在自己設定的一個時間範圍內完成相應的目標。

人都有拖延的習慣，如果不給目標設定時限，孩子在完成過程中就可能拖拉，導致進度滯後；相反，如果目標有了時限性，就相當於給了孩子一定的壓力，孩子為了實現這些目標，也會合理地分配自己的時間和精力，把控整體的安排和進度，並且在實現目標的過程中更專注、更用心，也更容易獲得顛峰式的心流體驗。

# 允許孩子放空片刻

孩子注意力不集中最明顯的表現，就是做事或學習時走神，眼睛盯著桌子上的作業本，心思卻不知道跑到哪裡去了，結果原本半小時就能完成的作業，硬是拖了一個多小時還沒寫完。即使一遍遍地提醒，孩子也很難專心地做眼前的事。

## 我們為什麼會走神

其實，不同年齡段的孩子，注意力一次性集中的時間也是不同的。

一般來說，小學一、二年級的孩子時間在十到二十分鐘，超過這個時間孩子就感到累，容易走神；三、四年級的孩子，可以堅持三十分鐘左右；到五、六年級，才能增加到四十分鐘以上。

注意力分散、容易走神不僅是孩子特有的表現，成人也經常有。尤其在今天電子設備、各種社交媒體非常普及的情況下，人的注意力更容易被各種資訊吸引。

英國心理學家喬爾根·沃夫（Jurgen Wolff）曾經做過一個關於白領人士工作效率的調查。他發現在每天八個小時的工作時間裡，只有二〇%的工作是對企業發展有決定性意義的，例如為開發一款新產品或新服務做出的決策、創建新業務流程的優化目標、指導員工有效地工作、完成目標設定等；其餘八〇%時間的含金量就比較低了，比如整理辦公桌、檢查郵件、出於禮貌參加一些與工作關係不大的會議、做一些微不足道卻又很緊急的事。

從這些事實中我們看到，成年人尚且會受到各種干擾、做不到專注，更何況孩子。要求孩子在學校的每堂課都認真聽講、認真理解是不現實的，也是不科學的。

老師與家長要習慣並深刻理解孩子們做小動作、分神、講話、聽不懂等現實，並且接納這些正常現象。因此，在課程中為孩子安排那二〇%專注力集中時的教學內容，遠比讓孩子整天集中精力更現實、更科學，也更迫切。

家長與老師具體要怎麼做呢？要培養孩子的專注力，避免孩子在做事、學習時經常走神，我們就需要從更深層次的科學原理角度分析注意力問題。

注意力不集中的表現主要有兩種，一種是專心不足傾向，這與大腦額葉外側相關；另一種與專心不足傾向剛好相反，就是專心過剩傾向，即對某件事過於執著，這與大腦額葉內側、扣帶迴區域的活動過剩相關。

了解了專注力與大腦的密切關係後，我們在培養和提高孩子的專注力時，就可以不那麼焦慮，而是尋找科學的方法。

孩子之所以注意力不集中，很大的一個原因就是我們為他們提供的環境中，包含了太多吸引前額葉皮質區神經元釋放信號的因素。比如孩子擁有的玩具過多、電子產品過於豐富……針對這些情況，我們平時就要適當地減少對孩子的過度刺激，尤其在孩子學習或專注於活動時。

## 兩個反「常識」的做法

那麼，在學習或專注於活動時，我們就必須為孩子創設一個特別安靜、整潔的環境，周圍不能有任何事物打擾呢？孩子一旦在學習或做事時走神、走神，就必須糾正嗎？在這裡，我要給大家分享兩個違反「常識」的做法：

## ❶不刻意為孩子創設安靜、整潔的學習環境

倫敦大學學院心理學教授妮莉曾做過一個實驗。她發現，有時桌面混亂一些，不但不會影響專注力，甚至會提高我們對工作和學習的注意力。因爲在過於乾淨整潔、寂靜無聲的環境中學習和工作時，會讓一些人過度關注周圍的清潔和整齊，反而分散了注意力。

在一個略微有些混亂的環境中學習和工作，有時反而能鍛鍊我們忽視那些不重要的事情的能力，繼而更加專心致志地處理自己應該做的事。

這個觀點比較反常識，它背後的邏輯是先忽略那些不重要的事，才能集中注意力處理更重要的事。

這給了我們一個新的啓示：要讓孩子養成認眞學習的好習慣，不一定非要保持周圍環境的絕對安靜和整潔。每個孩子都有自己的特點，與其一到孩子的學習時間一家人都屏息靜氣、如臨大敵，不如仔細觀察。

跟孩子討論一下，看看在孩子學習的過程中，有哪些因素容易導致分心，然後再幫助孩子消除這些因素。當我們以一種輕鬆、開放的心態看待可能給孩子的學習造成困擾的因素時，也許就會發現，有些因素並不會產生太大的影響力。這樣有意

識地培養孩子忽略背景資訊的能力，可以更好地鍛鍊孩子的適應能力。

## ❷ 有意識地讓孩子走神

這一點似乎也違反了常識，但是，當孩子難以集中精力時，讓他們走神或許是最好的應對方式之一。

越來越多的心理學家發現，人們會花很多時間做白日夢——按照某些指標來看，這種活動的時間占比甚至高達五〇%。正因爲如此，一些心理學家認爲，心不在焉反而可以幫助人腦恢復正常運作。

同時，更多的腦科學研究也發現，人的注意力渙散並不是無緣無故的。想要集中注意力，就要用到包括前額葉皮質在內的一片大腦區域網路。那裡負責抵抗干擾，控制人們的自然衝動，阻止人們去做一些容易分心的事。

而保證這個網路正常運轉所需的能量，要高於人們在漫無目的地思考時啓動的大腦區域消耗的能量總和。因此在一天之中，人們總會不可避免地有感到精疲力竭的時候，這時看似心不在焉，其實大腦正在恢復能量，這一點對於專注力訓練是很有幫助的。

當孩子在持續學習一段時間後，我們可以提醒他暫停一下，思考一些與學習無關的事情，這往往比一直堅持一項學習任務更有效率。同樣，如果發現孩子在一個問題上冥思苦想了很久，仍然找不到解決方法，也可以鼓勵他停下來休息一下。

此外，平時父母也可以多帶孩子接觸一些與學習無關的事情，通過吸納多元的資訊和觀點充實自己。比如參觀博物館和美術館、翻閱新穎的雜誌和報紙、吃一頓美食、隨意瀏覽網路上的資訊、沉住氣讓自己沉浸在全新的觀念和體驗中……這樣一來，孩子的大腦就會自動地在紛繁複雜的事物中尋找自己感興趣的資訊，不僅能緩解偶爾思維渙散帶來的負罪感，還有助於激發預料之外的創意，同時也會讓孩子獲得開放、多元的心態，更易於培養思考和解決新問題的能力。

## 持續性、切換性與爬升性

當然，要提升專注力，我們還要了解專注力的三個特質，那就是持續性、切換性與爬升性。

・持續性：是指對一項任務投入專注力的持續時長。

・切換性：是指在一項任務與另一項任務之間做出反應的時長。
・爬升性：是指對一項任務從開始的散布式注意到高強度專注的時長。

並不是每個孩子在這三個特質上都會表現得特別優異。事實上，幾乎沒有人能在自然狀態下同時擁有在這三個專注力優勢，至少總有一項是不太理想的，這也是人的自然屬性使然。

人們在專注力的持續性、切換性、爬升性三個方面天然就存在某些能力強、某些能力不太強的情況。對於一個孩子來說，他有可能持續性強，但切換性弱，或者切換性強，但持續性與爬升性弱。

家長需要特別注意這些專注力的特質，從而弄清自己的孩子屬於哪種類型。科學研究還發現，除非接受專業訓練，否則專注力在三個維度上所呈現的天賦特徵具有終身穩定性。

如果一個孩子的專注力在持續性維度上強，在切換性維度上弱，那麼也就意味著在未來的生活與工作中，這種特徵會伴隨他一生。

## 會放鬆才會全心投入

人的身體和大腦就像一臺機器，如果連軸轉，任由什麼樣的身體和大腦都會疲勞、消沉，甚至會受到傷害。

當你發現孩子注意力不太好時，就要及時讓孩子放鬆一下身心，給孩子緩衝、調整身心的時間，這樣孩子的精力就會恢復，大腦繼續進入興奮狀態，注意力也不會因爲身體和大腦的疲勞而分散。

波士頓注意力和學習實驗室的喬·德古迪斯（Joe DeGutis）和麥克·伊斯特曼（Mike Esterman）就曾表示，當一個人需要長時間保持注意力時，少即是多。

他們通過大腦成像實驗發現，保持注意力的最佳戰略是專注一段時間，然後短暫地休息一下，之後再集中精力。整體而言，時刻綳緊神經的人會犯更多的錯。

## 放鬆，專注，放鬆

阿姆斯特丹自由大學的克利斯汀．奧利佛（Christian Olivers）的研究也發現，當人們被告知可以讓自己放鬆，想其他事情，不需要始終集中精力時，他們的注意力資源就會得到更大範圍的延伸。

爲此，他們還做了一個實驗，用核磁共振的方法讓一些人保持注意力去做一件事，然後休息一下，再繼續做這件事。結果發現，與其讓人長時間地做一件事，倒不如分段完成這件事效率更高。

由此可見，我們想讓孩子的注意力更集中，就不能要求孩子長時間地保持專注力，而是在孩子完成一些事情後，讓他停下來放鬆一下，然後再繼續做事，再停下來放鬆……這樣才能讓他在做事時獲得更好的專注力。

切忌強迫孩子必須一直專注地做事，這不但無益於孩子注意力的提升，反而可能給孩子造成心理陰影。我會建議家長嘗試以下三種做法：

## ❶在放鬆的間隙引導孩子尋找快樂

我們的大腦一般會對我們早已司空見慣的事產生厭倦感，因爲經歷越多，就越缺乏新鮮的刺激。當這種感覺產生時，人的注意力就會下降，思維能力也會出現缺陷。

孩子在學習時也是如此。當孩子不間斷地上課、解題目、寫作業時，大腦就會慢慢進入疲勞狀態，處理問題的方式也會越來越機械，學習也像生產線一般，過度依賴過去的經驗，不再留心潛在的問題。

一旦發現孩子出現類似狀況，父母就要多加注意，這可能是在提醒你，孩子的大腦需要被重新啓動。比較有效的辦法就是支持他們做那些能讓他們開心、快樂的事，比如聽音樂、跳舞、運動，或者有節制地玩一些電子遊戲等。

笑個痛快也是提升注意力的有效方法之一。科學家研究發現，在努力攻克一些難以解決的問題時，那些看過搞笑影片的人比對照組（他們觀看的影片雖然很輕鬆，但並不搞笑）專注的時間更長，也更加努力。因此該研究認爲，幽默可以有效補充我們的意志力儲備，並且激發我們的興趣，而興趣則是專注力提升最好的幫手。

## ❷ 給予孩子充分的休息時間

什麼時候休息最合適呢？每次要休息多久呢？一般來說，成年人每次集中精力九十分鐘後，就應該休息十五分鐘；對於專注力不如成年人的孩子來說，大概每集中精力四十五分鐘後，就要休息十五分鐘。

在休息期間，我們可以讓孩子起來活動活動，伸伸懶腰、打個哈欠、到戶外呼吸新鮮空氣等，通過這些方式放鬆一下緊繃的神經。

很多家長一看到孩子在休息就不滿意，甚至指責他們偷懶，學習不認眞，導致孩子始終處於一種緊張、恐懼的情緒中，神經長期處於興奮狀態。

還有些家長給孩子報很多補習班，生怕漏掉能提升孩子能力和成績的課程。結果孩子的能力和成績不但沒提高，還出現了厭學情緒。

對於孩子來說，學習確實很重要，但休息也同樣重要。休息、放鬆都不是浪費時間，而是爲了讓孩子的精神恢復到最佳狀態，從而更好地利用時間，提高學習效率。

所謂交替學習，就是指孩子在學習過程中，在一段時間內輪番學習不同學科，而不是長時間只抱著一門學科「啃」。

科學研究發現，人的左腦側重於邏輯與抽象思維，比如數學、物理；右腦側重於形象思維，比如國文、英文等學科。

順便說一下，上面提到的左右腦的特點並不代表左腦只負責邏輯與抽象，右腦只負責形象與想像。無論是邏輯與抽象思維，還是形象思維，都需要左右腦共同參與。這是對大腦左右功能研究的最新成果，與以往人們理解的「左右腦」是不太一樣的。

孩子長時間學習一門課程，大腦很容易疲勞、睏倦，心理上也會產生厭倦和牴觸情緒。如果這時還強迫孩子學下去，效果一定大打折扣。這時，孩子需要的就是交替學習，換另外一科來學，這樣他們的大腦會再次進入興奮狀態，注意力也不會因為大腦的疲勞而分散。

另外，還有些時候孩子的注意力集中不起來，父母要考慮到孩子是不是遇到了什麼困難，比如遇到了生活問題、朋友之間的人際關係問題等。這時，我們就要與孩子耐心溝通，通過交流分析幫孩子解決這些問題，讓孩子能夠全身心地投入學習。

當我們希望孩子能專注於某件事時，最好的方法並不是強迫他們必須把注意力集中在這件事上，而是說明他們設立合理的目標，在完成目標的過程中獲得心流體驗，同時培養孩子忽視背景資訊的能力，給予孩子放鬆的機會，讓孩子保持正向、愉悅的心情，其專注力自然會得到提升。

## 親子遊戲・抓住幸福的小尾巴

家長與孩子並排站立，中間間隔一條手臂的距離，手臂向兩側伸直。

然後，家長或孩子其中一人左手比 1（豎起食指）；右手比 5（張開 5 指），搭在旁邊人左手的「1」上（像搭起一把小傘）。

讓孩子來數 1、2、3，當數到 3 時，家長和孩子要同時做兩件事：右邊的人要快速抓握左邊的人的「1」，而左邊的人要迅速躲開右邊的人的抓握。

可以變換數數的節奏，讓孩子摸不到規律，更加全神貫注地玩遊戲，鍛鍊專注力。

第八章

# 善良，鍛造孩子真正的競爭力

善良是人類在長期的生物演化過程中形成的一種競爭優勢，也是人類獲得幸福感的前提。

能被周圍人喜歡，受到周圍人的尊重、肯定，會讓我們感到心情愉悅，充滿幸福感。培養孩子善良的人格，是孩子未來能夠擁有正向的身心、良好的人際關係的必要前提。

善良是真正符合幾十萬年來人類演化邏輯的優秀品格，是孩子真正的競爭優勢。

# 善良是人類演化選擇的結果

很多家長認為，善良就是老實、懦弱，現在社會競爭這麼激烈，太善良無法適應激烈的競爭環境，必然會吃大虧。

但其實人們都不喜歡陰險狡詐、惡意滿滿的人，都希望與一個善良、懂得為他人著想、能在別人有困難時給予幫助的人相處。而且善良的人也更敢於承擔社會責任，能夠帶動和感動更多的人。

這樣的人不僅擁有良好的人際關係，還會贏得更多人的幫助和認可。這種自帶光環的人，怎麼會無法適應社會呢？

從這個角度來說，善良的孩子更有競爭優勢。我在清華大學的研究助理，曾給我講過一個他自身的經歷。

有一天他去接孩子放學，孩子從幼兒園出來後，沒有直接奔向他，而是跑向了一位正在折桃花的家長，用稚嫩而堅定的聲音對她說：「阿姨，花是有生命的，你不能摘，你要向它道歉！」

這位家長下意識地低頭看了看孩子，但折花的動作並沒有停。這時孩子又大聲說：「阿姨，你不能折花！花是有生命的，它會疼的，它的媽媽也會很傷心的……」那位家長停下了手上的動作，但手仍然放在花枝上。

助理對我說，當時他眞想跑過去好好數落那位家長一頓。但他還是忍住了，不過他用堅定而讚賞的眼神告訴兒子：「你做得對！」

又僵持了半分鐘，那位家長還是把花折了下來。孩子「哇」的一聲哭了起來。助理忙走過去，對那位家長說：「如果現在制止您的是您的孩子，您還會把花折下來嗎？我相信，您的孩子也會對您極度失望的。」

就在這時，這位家長的孩子也出來了，她高興地招呼自己的孩子：「寶貝，快來看，媽媽給你折了一朵特別漂亮的花……」話還沒說完，孩子看到媽媽手裡的花，嚴肅地說：「媽媽，你不應該折花，花是有生命的，我不喜歡你這樣做！」說完孩子頭也不回地就走了。折花的媽媽一臉困惑，不知所措。

說實話，當時聽完這個故事，我也特別感慨。這個孩子的反應，恰恰反應出了我們人類的天性，就是善良。

## 被善良選擇的我們

相信很多家長應該記得自己小時候，身邊的老師和家長津津樂道的話題經常是哪個小朋友又做了好人好事，但當我們自己成爲家長之後，基於各種現實考慮，慢慢變得世故、冷漠。爲了保護孩子不受傷害，從小就教育孩子不要軟弱、懂得拒絕，這樣才能保護自己，好像做個善良的人就是件很傻、很吃虧的事一樣。

雖然現實生活的確存在一些醜惡現象，但人眞的只能活成這樣嗎？

從心理學角度來說，我是不認同這些觀點的。二〇一一年，加州大學柏克萊分校著名心理學教授達契爾·克特納（Dacher Keltner）通過研究證明，笑、樂趣、愛、同情、快樂等正向情緒，往往都是與善良、道德、高尚等體驗連在一起的。

當我們做了好事、幫助別人時，我們更容易產生愉悅、幸福的感覺；而競爭、攻擊、爭奪等則會讓我們感到煩躁、恐懼、無助，出現很多負面情緒。

克特納的觀點是有一定道理的。實際上，人類從來都不是這個地球上最凶猛的生物，也不是生存能力最強的生物，那爲什麼會成爲地球上的萬物之首呢？我們靠什麼競爭優勢戰勝了其他生物呢？我認爲，靠的就是人類天性中的善良。

並且，不是我們要選擇善良，是善良選擇了我們，讓人類走到了今天。善的意念產生善的行動，善的行動使得我們的群體逐漸強大，這樣強大的群體又被選擇出來，被賦予更加深刻和複雜的善心，使得群體更加強大。

這樣周而復始，人類才最終成了一個個體能力不算最強，但群體綜合優勢最明顯、綜合實力最強的物種。也就是說，人類能夠戰勝其他物種，是人類演化選擇的結果，原因可能就在於人類擁有強大的善的基因。

## 善良植根於天性之中

耶魯大學著名心理學家保羅·布倫（Paul Bloom）曾做了一個實驗。

實驗人員讓幾個六個月大的寶寶分別看兩段不同的影片，在一段影片中，有一個圓形要上山，卻怎麼也爬不上去。正當圓形掙扎的時候，後面來了一個友善的三角形，把它頂到了山頂。

在另外一段影片中，還是這個圓形在拚命地爬一個山坡，怎麼也爬不上去。正在掙扎時，山上突然下來一個正方形，拚命地往下踢圓形，不讓它上去。

當嬰兒分別看完這兩段影片後，實驗人員就把出現在影片中的幾個幾何圖形玩具擺出來，讓他們選擇自己喜歡的。結果發現，幾乎所有的六個月大的嬰兒都選擇了助人的三角形。

更有趣的是，當嬰兒看到那個助人的三角形時，都會露出微笑的表情。相反，當看到那個不友好的正方形時，所有嬰兒都流露出厭惡的表情。

即使只有六個月大的嬰兒，也會天然地喜歡好人好事，厭惡壞人壞事。他們連話都不會說，也沒有受過什麼道德教育，卻表現出喜歡善的行爲，而討厭惡的行爲，可見善良是我們天性中的一種品質。

布倫還做了另外一個實驗：

請一歲的孩子分別看兩段不同的影片。在第一段影片裡，中間有個玩偶在玩球。它玩著玩著，球滾到左邊去了。左邊的玩偶就友善地把球還了回來。

在第二段影片中，玩偶還是在玩球。它玩著玩著，球滾到右邊去了，沒想到右邊的玩偶拿到球就跑了。

在嬰兒看完這兩段影片後，實驗人員讓他們分別接觸影片中的那兩個行爲不同的玩偶。結果發現，當嬰兒看見還球的玩偶時，居然會用小手去撫摸它，以示友好；當看見那個不友善的玩偶時，會用小手砸它，以示懲罰。

僅一歲的孩子，就已經有了懲惡揚善的衝動。這也再次證明，人的本性是善良的，是願意懲惡揚善的。所以正向心理學認爲，我們在教育中應該弘揚天性，保持孩子天性中的善良，讓孩子在成長的過程中感到愉悅快樂，正向高尙。

越來越多的研究成果也證實，那些表現出樂於助人性格的孩子，未來的社會成就更高、更受人尊敬，因爲他們能更快速地融入工作環境，更具有團隊合作精神。在家庭背景相似、智商相同的情況下，善良決定了孩子的發展前景。

# 善良的孩子更具幸福感、更懂愛

在雲南麗江，有一所名叫華坪女中的特殊女子高中，這裡每年都會走出一批大學生，進入全國重點高校就讀。

但很多人不知道的是，這是全中國第一所免費的女子高中，校長名叫張桂梅，而這所學校最早也是張桂梅自己出錢創辦的。

最困難的時候，她到外面幾塊錢、幾塊錢地跟人乞討，最終建起了學校。她多年來更是拖著病體給孩子們上課，幫助孩子們走出大山，改變命運。

很多人可能都不理解張桂梅的行爲，明明自己一貧如洗、滿身病痛，還要做這樣的事？要回答這個問題，我們就先來看看人爲什麼要幫助別人：

# 幫助他人的三大理論

## ❶社會交換理論

幫助別人是一種互惠互利的理性行爲。因爲是利益交換，幫助別人的人也更容易得到其他人的回報。

比如在捐血時，我們會把捐血的代價（捐血帶來的不方便和不舒適）與捐血的利益（社會的讚賞和幫助別人產生的愉快感）進行比較。如果預期回報超出或等同於代價，我們就有可能幫助別人。

這種解釋都讓人感覺有些不太舒服，因爲它將人的無私精神視爲利己主義。如果一個人幫助別人只是爲了獲得他人的贊許或回報，那麼我們就很難認爲他眞的做了一件好事，也很難把它與我們純粹、自然而然的善意聯繫起來。

## ❷人的惻隱之心

第二種解釋是人在見到他人痛苦時都會產生同情之心，認爲幫助他人是因爲人有一定的惻隱之心，這也是人類同理心的一種表現。

從嬰兒時期開始，人就會不時地表露出天然的同情心和愛心。當看到別人受苦時，我們也會覺得難過、不舒服，屬於天生的善意。但惻隱之心更多地還表現出一種社會倫理與上位者的道德意識。也正是由於這種上位者姿態，使得惻隱之心又不是那麼純粹。

在現實生活中，越來越多的經驗和見聞也告訴我們，惻隱之心有時會被別有用心的人利用，社會上讓人防不勝防的「碰瓷」就是典型的例子。

在一個複雜的環境中，人們的善意越來越被客觀的複雜性約束。這種「氾濫」的善良雖然可貴，但因過於脆弱而容易受到傷害。不能進行自我保護的善良是危險的，對於孩子來說更是如此。

## ❸幫助他人能帶來快樂

來自紐約州立大學石溪分校的史帝芬・波斯特（Stephen Post）教授是一位專門研究助人方面問題的專家。

小時候，每當他情緒不好時，他的媽媽就會說：「孩子，你看上去心情不好，你出去幫助別人吧。」於是小波斯特便會跑出去，幫助街對面的清潔工人清掃落葉，或者幫助旁邊的大伯修理桅杆。他說：「我每次出去幫助完別人，心情就變好了。」

後來，波斯特成爲研究助人精神的專家。二〇〇八年，他在自己的《好人肯定會有好報》一書中開篇就寫道：「如果我可以帶一個詞到來世，那一定是『付出』。」

一項最新的研究也證明了波斯特的觀點。這項研究認爲，與人爲善的孩子可以獲得更多的幸福感，也能獲得更多的認可和贊許，受到大家的喜愛和歡迎。

教育心理學研究者曾做過這樣的調查研究，他們挑選了四百名年齡在九到十一歲的溫哥華小學生，研究他們在什麼情況下會感到充滿幸福感，並且調查在學習活動時，孩子更樂於跟哪些同學一起玩。

在調查過程中，他們請老師鼓勵其中一半的孩子多做善事，比如與同學分享午餐，在媽媽感到疲勞時，給她一個大大的擁抱；另一部分孩子則被告知可以去他們喜歡的地方，比如籃球場、朋友家等。

四周後，她再次對這四百名小學生進行調查，了解他們的幸福感情況，以及確認他們喜歡跟哪些孩子一起玩。雖然這兩組孩子都很快樂，但做好事、善事的那組孩子更多地被同學選爲願意一起玩的人。

由此可見，做好事、做善事的行爲會讓孩子更受歡迎，而這一部分孩子也會因此感到更加幸福。

加州大學柏克萊分校從六十多年前開始，便追蹤研究了兩百多名正處於青春期的青少年的生活。美國麻州威爾斯利學院的心理學家保羅·維克（Paul Vick）從中分析被試者的助人傾向，並花了三年時間走遍美國，與他們進行逐個訪談。

結果發現，那些在六十年前就比較樂於助人的青少年，在成年後通常會表現出如下特質：

- **社會成就更高：**在相似的家庭背景、智商水準等條件下，樂於助人的孩子長大後會比其他類似條件的人更容易成功。
- **具有更強的社會競爭力：**主要是因爲幫助別人會提高一個人的情商，還能增強自信，鍛鍊與人打交道的能力，而這些都是衡量社會競爭力的關鍵因素。
- **生活習慣更好：**他們更少抽菸、酗酒，更關注身體健康，也會更正向地鍛鍊身體。

· **情緒更穩定：**這一點非常重要，具有正向情緒的人，在面對各種困難時會更活躍、更樂觀，也更敢於迎接挑戰，所以得抑鬱症的概率和自殺率也會更低。

多項研究表明善良、樂於助人的孩子心理更健康，也更容易獲得幸福的感受。科學家通過研究也發現，當我們在幫助、支持、安慰別人時，大腦裡分泌多巴胺的獎賞中心腹側紋狀體的血液流量會增加，這說明助人行爲促使大腦分泌了更多的多巴胺。

多巴胺又被稱爲「快樂使者」，會讓我們獲得全身心的愉悅感受。「助人者自助之」，這裡面的「自助」，指的就是獲得強烈幸福感的自我驅動力。

# 善良，不是有求必應

很多人應該看過一部韓國電影《希望：爲愛重生》，這是一部根據眞實案件改編的電影。

八歲的女孩素媛在下雨天的路上遇到了一位大叔。當大叔希望素媛幫他撐傘時，素媛雖然想拒絕，但最終還是答應了大叔，結果這一善行卻給她帶來了一生的噩夢。

我在前面已經提到，善良是一種正向的品格，可以讓孩子的未來更幸福，更有競爭力，但是無底線的善良和不加判斷的助人行爲，往往也會成爲壞人作惡的機會。

據報導，許多犯罪集團都會假借找人幫忙的名義，把一些孩子騙到偏僻的地方實施犯罪行爲。我們既要保護孩子善良的天性，引導孩子做一些善事、善舉，也要教育孩子學會保護自己，讓孩子懂得善良也是有底線的。

我們如何教育孩子既能幫到別人，又不會傷害自己呢？

## 讓孩子的善良帶點刺

### ❶教孩子保持警惕

在平時要告訴孩子正確的助人方法，以及哪些人可以幫助，哪些人不要幫。比如當陌生的大人向孩子求助，而且要求孩子到其他地方幫忙時，就應該警惕。從邏輯上來說，身高、體能方面明顯占優勢的成年人，正常情況下是不需要特意找孩子幫忙的。

任何需要離開熟悉的環境、離開父母視線的助人行爲，都必須得到父母的同意後才可以去做，絕對不要私自去做。

## ❷ 教孩子辨別是否值得幫助

對於劣跡斑斑的人，不但不應該幫助，還應該在適當的情況下予以懲罰。比如在考試時，有同學希望抄孩子的試卷，拉孩子一起作弊，這樣的忙就絕對不能幫。

不僅不能幫，我們還要讓孩子遠離這種行爲，如果遭到對方的威脅，就要勇敢地尋求老師的幫助。父母還要告訴孩子，正義是需要堅守的，智慧地維護正義也是必要的。

## ❸ 教孩子保護好自己的利益

幫助別人當然是好事，但也有前提，其中一個前提就是先保護好自己的利益，不能爲了幫助別人而讓自己蒙受巨大的損失。

比如在孩子看到有人落水時，我們是希望孩子去救人，還是不救呢？我認爲要這樣教育孩子：如果孩子不會游泳，貿然下水救人，白白犧牲了自己還救不了別人；即使孩子會游泳，也可能因爲體能有限，不懂得正確的施救方法等客觀原因根本無法施救。

在這種情況下，孩子貿然下水救人就是不理智的，正確的方法應該是大聲地向周圍的大人求助，請大人幫忙救人。

同時，我們還要教育孩子，在幫助別人時，還要注意保護好其他人的利益。比如有的孩子在學校裡搞小團體，欺負、隔離其他孩子，這就不是一種助人的善良行爲。我們要教育孩子，如果有這樣的團體找到他，希望孩子跟他們一起冷落甚至欺負某個同學，千萬不要答應對方。

阿德勒認爲，每週做兩個小時的好事就已經是很了不起的善行了。這雖然太過機械和絕對，但也給了我們一個很重要的提醒：我們不需要一直都做好事，永遠只爲別人活著，眞正的善行是堅守自己的底線和原則，不會爲了一己私利而做出傷害別人的事，也不會爲了別人的利益而過度地壓抑自己。

有時，我們要教孩子學會對他人的請求說「不」，或者把求助的人介紹給其他眞正能幫到他的人。如果你能力不夠或十分勉強，還不得不去幫別人，很可能會害了對方，也害了自己。

德國著名育兒專家卡爾・威特（Karl Witte）在他的《卡爾・威特的教育》一書

中就提到孩子助人的問題。

當威特發現兒子拿著自己的零用錢去幫助朋友時，他並沒有立即做出反應。雖然他一直認爲幫助別人是一種美德，也一直這樣培養孩子的這一品格，但他認爲教孩子認清身邊的人，辨別事物的本質才是最重要的。於是，他去調查兒子幫助的人是誰，結果發現對方有一個酗酒的父親，而且那個孩子借錢後，並沒有按照當初承諾的那樣，解決自己和弟弟、妹妹的學費問題，而是拿著錢去賭博了。

威特弄清事情原委後，就建議兒子把錢要回來。他告訴兒子，他們是不值得幫助的人。一個不誠實且熱衷於賭博的人，品格是有問題的。這樣的人不但不能幫助，更不能與之爲友，應該馬上遠離。

這也再一次提醒我們，與人爲善應該有底線，對於那些不值得幫助的人要堅決拒絕，否則孩子的善行就是在縱容對方的惡行。

擁有眞、善、美的孩子是天使，保持孩子純潔、善良的心靈也很重要，但我們也要讓孩子了解生活中的許多眞相，儘早幫助孩子認清世界的多面性。這樣才能幫助孩子更加健康地成長，擁有更多的智慧和正向的品格。

# 如何培養孩子的善良品格

二〇一〇年，亞馬遜創始人貝佐斯在普林斯頓大學學士畢業典禮上發表了一篇重要的演講。在演講中，他追憶了自己的幼年歲月，講述了自己如何在兒時懂得了「善良比聰明更難」的道理，並且分享了十六年前自己決定放棄優厚的工作待遇、創建亞馬遜的複雜心路歷程。

在這個演講裡，他鼓勵年輕人要「追隨內心的熱情」，他認爲是一個個選擇最終塑造了我們的人生，而這些選擇中最不可或缺的因素就是擁有一顆善良的心。

貝佐斯的演講中有這樣幾段話：

在我還是個孩子時，夏天總是在德州祖父母的農場度過。我幫忙修理風車，爲牛接種疫苗，也做其他家務。每天下午，我們都會看肥皀劇，尤其是《我們的日子》。我的祖父母參加了一個房車俱樂部，那是一群駕駛拖掛型房車的人，他們結伴遊遍美國和加拿大。每隔幾個夏天，我也會加入他們。我們把房車掛在祖父的小汽車後面，然後加入三百多名房車探險者組成的浩蕩隊伍。

我愛我的祖父母，崇敬他們，也眞心期盼這個旅程。大概在我十歲時的一次旅行，我照例坐在後座的長椅上，祖父開著車，祖母坐在他旁邊，吸著菸。

我討厭菸味。在那樣的年紀，我會找各種藉口做些估測或小算術。我會計算油耗還有雜貨花銷等雞毛蒜皮的小事。我聽過一個有關吸菸的廣告，廣告的大意是說，每吸一口香菸會減少幾分鐘的壽命，大概是兩分鐘。

無論如何，我決定為祖母做個算術。我估測了祖母每天要吸幾支香菸，每支香菸要吸幾口等，然後心滿意足地得出了一個合理的數字。接著，我戳了戳坐在前面的祖母的頭，又拍了拍她的肩膀，然後驕傲地宣稱：「每天吸兩分鐘的菸，你就少活九年！」

我清晰地記得接下來發生了什麼，而那是我意料之外的。我本期待著小聰明和算術技巧能贏得掌聲，但那並沒有發生。相反，我的祖母哭泣起來。我的祖父默默地把車停在了路邊，走下車來，打開了車門等著我跟他下車。

我惹麻煩了嗎？我的祖父是一個智慧而安靜的人，他從來沒有對我說過嚴厲的話，難道這會是第一次？還是他會讓我回到車上跟祖母道歉？我以前從未遇到過這種狀況，因而也無從知曉會有什麼後果。

我們在房車旁停下來，祖父注視著我，沉默片刻，然後輕輕地、平靜地說：「傑夫，有一天你會明白，善良比聰明更難。」

今天我想對你們說的是，天賦和選擇不同。聰明是一種天賦，而善良是一種選擇。

天賦得來很容易——畢竟它與生俱來，而選擇則頗爲不易。如果一不小心，你可能被天賦誘惑，這可能會損害你做出的選擇。

是的，善良比聰明更難，它需要人們精心呵護。哈佛大學教育研究生院的心理學家理查·魏斯伯（Richard Weissbourd）曾主持了一項名爲「讓愛普及」的計畫，旨在幫助孩子成爲充滿愛心、懂得尊重和有責任心的人。

這個項目的最新研究表明，許多父母並不知道如何將孩子培養成一個善良的人。

在參與該項目的孩子中，有八〇％認爲父母更關注他們的學習成績好不好，生活是不是快樂，而不是他們是否懂得關心別人。同時他們還認爲，「我取得好成績帶給父母的自豪感」要三倍於「我在班上、學校裡幫助別人帶給父母的自豪感」。

然而，與各種成績的好壞相比，孩子的品格培養對於孩子的成長更有意義。尤其是善良的品格，可謂人性中最美麗的光環。

孩子就像一棵正在成長的小樹，只有以與人爲善爲根基，才會茁壯成長。如果一個孩子缺乏善良的品格，不能給人以溫暖和關愛，即使長大後集聰明、伶俐、力量於一身，也很難得到別人的尊重和社會的認可。

## 培養善良品格的四個方法

### ❶從幫助身邊的人做起

說到幫助別人，很多人會想到去幫助陌生人。其實並不需要如此，在家裡幫爸爸媽媽做家務、照顧弟弟妹妹的生活學習等，都屬於助人行爲。

「助人爲樂」不一定是「助陌生人爲樂」，能幫助自己身邊的人，同樣是一種值得肯定的行爲。

人的天性就是要分親疏遠近的，首先幫助自己的親朋好友，也是人之常情。更何況，如今在公共場合做好事，幫助素不相識的人，或多或少會面臨一些障礙乃至風險。對於社會化程度不高、分辨力不強的孩子，鼓勵他們從幫助自己的親人、朋友做起，是非常重要的。

這裡父母需要特別注意的是，不要把孩子幫助大人做事當作理所應當，就像父母認爲自己照顧孩子也是理所應當的一樣，要爲這兩種理所應當建立一種價值感激的新習慣。

父母爲孩子做的事，要讓孩子懂得這是父母愛他的體現，而不是想當然的。孩子在幫助父母做事時，父母一定要表現出對孩子價值的認可。只有這樣，孩子才能學會把愛與感激首先留給自己最親近的人，而不是把它們都留給陌生人。

## ❷助人為樂可以是很小的事

任何習慣的養成，都是從一點一滴的小事開始的，培養孩子善良的品格也是如此。正所謂「千里之行，始於足下」，我們可以告訴孩子，幫助身邊的人以及陌生人經常做一些力所能及的事是有必要的。

比如搭電梯時，看見有人手裡提著東西，主動問對方去幾樓，幫忙按下電梯按鈕；在公共汽車上，看到老人、孕婦時主動讓座；看見公共廁所裡水龍頭沒關，順手把它關上；倒垃圾的時候，順便把腳下的塑膠袋等撿起來一起扔掉等。

這些雖然都是不起眼的小事，但恰恰是通過身邊的這些小事，才能讓孩子養成幫助別人的好習慣，並讓孩子從中體會到快樂及價值。久而久之，孩子就會將幫助別人逐漸內化爲自己的一種行爲習慣。

## ❸鼓勵孩子給予他人情感支持

指鼓勵孩子在情感上給予別人理解、支持和鼓勵等。比如看到朋友傷心了，可以讓孩子去安慰一下；爺爺奶奶過生日時，讓孩子畫一幅畫給爺爺奶奶，祝他們生日快樂。

有些孩子會把自己的零用錢省下來，在家人過生日時買禮物送給他們，這當然讓人欣慰和高興。但在收到這份珍貴禮物的同時，我們也可以告訴孩子，給予別人情感支持有時候比物質上的給予、獎勵等更重要。

尤其在現代社會，人們對情感的需要往往超過對物質的需要；反過來，我們付出情感時，也常常比付出物質更吝嗇。

讓孩子明白這一點後，如果他仍然願意爲別人付出感情，那麼他一定會成爲一個善良的人。這就是同理心，也是人類最偉大的正向天性。

## ❹ 父母做好行為示範的榜樣

孩子總是會通過觀察和模仿成人的行爲來構建自己的行爲方式，尤其是模仿他們最親近和最尊重的人，如父母、老師等。

要培養一個善良的孩子，父母首先要成爲有愛心、有道德、有責任感的人，爲孩子做好行爲示範的榜樣，讓孩子模仿。這樣不但可以起到立竿見影的效果，而且這種影響力在孩子身上也會更持久。

需要注意的是，當我們在幫助別人時，一定要表現出內在的滿足感，讓孩子感受到你在幫助別人時內心是正向、快樂的，這種間接的回饋也會影響孩子的情緒和行爲。

雖然我們有時候改變不了什麼，但我們仍然要爲孩子保留一顆珍貴的善良之心，以及關於善意的全部希望。

## 親子遊戲・助人行動清單

和孩子一起制訂一份「助人行動清單」，然後每週末與孩子進行一次「助人行動回顧」。

首先，與孩子一起思考一下，自己在本週內都幫助了哪些人，或者做了哪些善良的舉動。

接著，現場寫下或簡單地畫出自己在本週內做過的一到三個助人行為，可以是幫助家人，也可以是幫助同學、朋友、老師等，然後簽上自己的名字。

最後，和孩子分享彼此在做出這些助人行為時的想法，以及助人後的感受等，與孩子一起體會助人的快樂與愉悅。

第九章

# 「王者之力」，面向未來的核心競爭力

很多年輕人進入社會之後，雖然有能力，但不被人喜歡，為什麼？

他們不能理解別人的感受，也不能被別人欣賞，更不願意跟別人合作。久而久之，他們就很難獲得社會的支持、關懷和照顧。

從某種意義上講，是因為他們缺乏「ACE 能力」，即「王者之力」。而這樣的能力，顯然就是社會特別需要的生存能力。

# 做智能時代的佼佼者

在現代社會當中，各個領域都湧入了大量的高學歷人才，但他們眞的可以勝任本職工作，發揮自己應有的能力嗎？很多高材生參加工作後失去了學習的目標和動力、缺乏正向面對人生的態度、逃避工作中的挑戰，過一天算一天。

很大一部分原因就在於現在很多大學生缺乏正向心理。導致這種境況的原因很多，其中非常重要的一個，就是我們的教育理念還停留過分關注孩子的分數、堅持「塡鴨式」教育，「以成績論英雄」。

這種教育忽略了孩子的學習態度、思辨能力、創新能力，以及精進能力，導致孩子的能力、天賦得不到拓展。

更爲嚴峻的是，隨著人工智慧的快速發展，在不久的未來，越來越多的職業將被人工智慧取代。

人工智慧雖然沒有情感和自我意識，但是在智力方面遠超人類，人類需要十年才能學完的知識，人工智慧可能在幾小時內就可以全部習畢。這意味著，我們的孩子只有具備人工智慧無法取代的能力，才可以在社會上獲得更好的發展機會。

那麼，有哪些能力是人工智慧無法取代的呢？

諾貝爾生理學或醫學獎獲得者大衛·休伯爾（David Hubel）和托斯坦·威澤爾（Torsten Wiesel）的研究表明，人類一般技能的掌握，所依靠的是低階腦細胞的活動，主要負責具體資訊的加工。

高階腦細胞負責審美、共情、共鳴等功能，高階腦細胞的活動越多，人類的智慧程度就越高，情感就越正向，成就也越大。而正向教養的目的，正是培養活躍的高階腦細胞，讓孩子具有更多的靈性、悟性、善意和更高的德行。

## 「ACE＋」理論

### ❶審美（Aesthetic）

能夠看到別人看不到的東西，能夠領悟別人領悟不到的東西，能夠欣賞自然、社會和人的眞、善、美。

著名畫家、美術教育家吳冠中先生曾說：「今天的中國文盲不多了，但美盲很多。」由此可以看出審美教育對一個孩子成長的重要性。

具有良好審美觀念和能力的孩子，往往會對事物具有強烈的好奇心，從而發現和挖掘出自身更多的潛質與興趣。

而在未來，一旦孩子在生活中感到孤單、失落時，也會依靠自己的興趣找到生活的樂趣和意義，正向地面對逆境。

## ❷創造力（Creative）

能夠分析問題、解決問題，創造新概念、新事物，想像未來、計畫未來。

創造力是人類特有的一種能力，也是人們在創造性地解決問題過程中所表現出來的一種個性心理特徵。

具有創造力的孩子，往往可以運用一切自身所掌握的資訊，用創造力思維解決問題。而未來的孩子要想體現自己的價值，就必須具備人工智慧所不擅長的特質，創造力就是其中之一。

### ❸同理心（Empathic）

能夠敏銳地感受並影響他人的感情，了解並理解他人的欲望和需求。

同理心是一項非常重要的技能，直接影響個體與外界所建立的關係。具有這項能力的孩子，往往更善於解決痲煩，表現出正向的社會行爲，比如互相幫助、互相分享等，這也是孩子能夠擁有良好人際關係、獲得他人好感與信任的橋樑。

Aesthetic、Creative、Empathic的首字母拼在一起，正好是「ACE」，也就是「王者」的意思。這三項能力組合起來，也是人作爲一種存在認識世界、參與世界、理解世界的全部內容。

其中，審美是根，創造力是莖，同理心是葉，而「+」則代表著以「ACE」爲基礎的人類其他品格優勢與美德的補充，例如人道、公正、謙卑、審慎、感恩等，這些都是「花」。

正向心理學所提倡的，就是孩子要努力獲得「ACE能力」，即「王者之力」，這是人們發展、成熟、成功的種子，更是提高自己在未來競爭優勢的終極武器。

從人類的終極意義來說，培養高級腦細胞的活動也是人類演化六千五百萬年選擇出來的競爭優勢。達爾文提出人類的天性一定要符合兩個特徵：一是易於人類的生存，二是易於人類的繁衍。

深入了解後可以發現，人類生存和繁衍選擇的往往都是正向的天性。正向教養是更具有人性、更符合心理科學規律的教育，而正向教養所重視的，就是努力培養孩子的「ACE+」正向天性，讓其成爲正向而富有人格魅力的人。

事實上，人類的正向天性伴隨著人的整個生命過程，可以隨時加以培養與鍛鍊可以在任何情況、任何條件下呼喚自己的靈性，相信「人終有幸福」的祈望更加容易實現。

## 審美力：美的體驗成就健康人格

從生物學角度來說，當人出生時，我們還無法建構概念與內容的思維範疇，只能通過基本的感官接觸世界，包括用眼睛看物，用耳朵聽聲，用鼻子、舌頭聞嘗味道，用觸覺感知環境等。這些感官刺激了我們大腦中相應的神經元，從而讓我們能夠建立對環境與環境裡的人（也包括對自己的一些感受）的最初印象，這屬於生存的最低要求。

哲學意義上的審美，並不是如人們平常所說的那種可以欣賞或者定義哪種事物是美麗的、性感的等直接的感覺。哲學的審美首先是一種基於「生存下去」的生物自然選擇偏好，存在是第一要求。

美，首先意味著「活下去的更好選擇」，或者更有利於「存在」。

甜的蘋果、紅通通的蘋果，都意味著成熟的蘋果，直覺上這種成熟的果實吃下去對人的生存更有利；帶點澀味的青菜，是不成熟或「生」的東西，吃下去也許不如熟的東西更利於生存。

於是，在原始的意識中，人就形成了青菜不如甘甜的蘋果「好吃」的觀念。之所以形成一物比另一物更「好吃」的觀念，最根本的原因還是來自生物存在感的最初層次——活下去的內在需求。

因此，我們經常會發現孩子大多喜歡吃甜食，不喜歡吃青菜。有些成年人認為孩子挑食，其實這種「挑食」並不是一個社會意義上的挑食，而是一種生物趨利避害天性的自然反射，也就是所謂「活下去的更好選擇」。

同理，對幼童（或者大多數成年人也是如此）來說，在他們內在意識中高大的物品、堅硬的物品等就象徵著某種安全感——可以在大空間內躲避野獸或用堅硬的物品攻擊野獸，也可以有更大的機會躲過自然災害；而窄小封閉的空間也意味著安全，可以用藏匿的方式達到類似的生存目的。

美，最初是讓人們產生安全或者更多生存機會的那些顏色、形狀、質地、線條、光線明暗等，保證人類基本生存的物質，在人類心理上才是親近的。

後來，這種讓生存與繁衍變得更可靠的「安全」一步一步地演變成美麗、性感、結實、健壯等生活要素的評價。

很多父母認為，孩子就應該專注於學習；著裝打扮、欣賞藝術那一套，長大後自然就懂了。然而從小缺乏審美能力，長大後又怎麼會變成有審美能力的人呢？

更重要的是，審美能力是未來的一項非常重要的競爭能力。大量的心理學研究表明，人工智慧可以對人類歷史上的經驗教訓進行總結、升級，不斷反覆運算，但是，審美這種抽象概念的能力卻無法提升。至少到目前為止，在感悟情緒、欣賞美、創造美的能力上，人工智慧是遠遠達不到人的水準的。

未來缺乏審美能力的孩子是沒有競爭力的。這不僅在於審美能力可以讓我們獲得更多展現自己的機會，獲得更多的尊重和關注，更重要的是，一個人只有由衷地喜愛自己、欣賞自己，才有足夠的熱情和力量接納和迎接這個世界的美好，擁有一顆善良、堅定而溫暖的心。

審美首先要意識到自我之美，並且在今天這個已經擺脫物資匱乏的年代，人類也開始從物理社會進入心理社會。對幸福的感知、對社會的理解等對人越來越重要，必須換成新的語境，學會用美的感知和熱愛抵擋空虛、乏味和無趣，從而陶冶自己的情操，培養正向進取的人生態度。

## 如何培養孩子的審美

### ❶引導孩子發現和感受生活中的各種美

法國雕塑家羅丹曾說：「生活中不缺少美，缺少的是發現美的眼睛。」父母要從日常生活入手，在孩子很小的時候，就引導他們多觀察和發現生活中各種美好的事物，如顏色豐富的水果蔬菜、色彩斑斕的鮮花、姿態各異的小動物……

當孩子大一些後，可以帶孩子去美術館、藝術館、博物館等地方，用知識啓迪孩子發現美、感受美和欣賞美的能力。

### ❷尊重孩子的意願和選擇

孩子一般從兩歲起，就有了美的意識，比如他們會有自己喜歡穿的衣服、有自己喜歡的顏色等。

對此，父母一定要抱著尊重的態度對待孩子，多給孩子一些選擇權，不要強迫孩子必須遵循大人的選擇和標準。讓孩子明白：真正的美源於內心，真正的強大是接納自己的任何模樣。

只有遵循自己內心的樣子，孩子才會變得自信、大方，對生活有自己的想法和觀點，從而形成正向、獨立的人格特質。

## ❸ 鼓勵孩子把自己想像成不同的人

父母要多鼓勵孩子，學會從不同角度欣賞事物，不要只看事物的表象。如果孩子學會轉換視角，打破常規，從不同角度欣賞事物，反而可以擁有更豐富的收穫。

我們也可以鼓勵孩子把自己想像成另外一個人，比如一個藝術家、一個音樂家等，引導孩子從這些人的角度看事物、想問題，發現更多的美。

愛美、具有審美的孩子骨子裡都會洋溢著一種自信，培養孩子的審美，其實也是在培養孩子的自信心。

給予孩子正確的引導，讓孩子隨時發現和體會生活中的美，激發他們對生活的熱情和對生命的熱愛，從而培養他們正向、陽光、自信的生活態度，使他們在未來更有競爭優勢，獲得更多的幸福感。

# 創造力：用自己的行動尋找答案

人們在獲得生存基礎之後，勢必開始建立對世界的好奇。這種好奇集中體現在參與感與學習上，這也是人的天性。

所謂參與世界，就是通過與世界上的萬事萬物產生直接或間接的聯繫，從而達成自己的某些期望。學習則是人爲了更好地實現這種期望而必須進行的個體技能、經驗的積累，這也是知識的起源。

人要與世界產生聯繫，獲得參與感與完成學習目標，就必須運用一種與審美不同的工具，那就是創造力。

審美是一種相對內斂的意識偏好，創造力則是一種十分外顯的行爲偏好。創造力是人參與世界的核心能力與基礎能力，一個缺乏創造力的人是無法很好地參與世界的。

特別需要強調的是：能夠參與世界，必須首先建立起對於這個世界的認識，而這個認知能力最初來自審美。

心理學家發現，「只尋找正確答案」的教育方式很容易對孩子的心理與認知造成局限與負面影響，其中最典型的就是考試焦慮和創造能力的下降。不擅長考試的孩子，很容易懷疑自己的能力，對應試之外的優點缺乏信心。這樣一來，一些原本具有創造潛能的孩子就難以被發現，且由於一而再、再而三地遭受打擊，他們可能就眞的變成了問題學生。

有的父母可能認爲，自己並不需要孩子成爲科學家，做出轟轟烈烈的科技大發現，只希望孩子做個普通人，快快樂樂地過一輩子。我要告訴這些父母，孩子的日常生活同樣需要創造力。

契克森米哈伊曾經提出「大創造力和小創造力」的概念。其中，大創造力指的是那些影響人類社會發展的創新，如牛頓、達文西、愛因斯坦等人做出的貢獻；但生活中還需要很多小創造力，就是當我們在生活或工作中遇到一些新的任務，或是不太容易完成的任務時，就要通過創造性思維與行動來應對這些挑戰。

二〇〇八年，我和我的學生蘇珊娜·波利斯（Susanna Paltez）博士在前人的基礎上，明確提出了創造力的二維度理論。

我們認爲，創造力是一種能夠產生兼具新穎性和適宜性兩大特徵的產品的能力。由於新穎性的英文是Originality，適宜性的英文是Utility，我們就取這兩個字的首字母，組合起來稱爲「OU效應」。

其中，新穎性指的是從統計的角度看很稀罕，與其他人想到或做出的東西很不同，具有原創性及不可預知性，能夠帶給人驚喜。

當然，新穎性具有不同的程度，有的產品可能與之前的產品差別不大，有的則可能會發生質的變化，大大領先於先前的產品。適宜性則指的是具備一定的功能，即它必須有用，能解決問題，最大限度地滿足用戶的需求。

創造力的產生需要把新穎性和適宜性結合在一起，缺一不可。當一件產品的新穎性和適宜性達到最大化時，我們就認爲這件產品具有最大的創造力。所以，創造力其實就是人的思維的新穎性與適宜性的最大化，也稱聯想網路密度（Association Network Density）。

聯想網路密度其實是可以通過大數據的方式來研究的，比如我們都留下了各種各樣作品，如圖書、演講、發言等。通過這些不同方式的表達，我們可以探索一個人的表達方式和表達出來的內容是否具有創新特徵。

而根據聯想網路密度，我們發現很多具有創造力的人，他的表達用詞往往比較廣泛（不是總用一些常規的習慣性說法），同時表達出來的內容邏輯清晰，聯繫緊密，比如很多科學家的聯想網路密度就是非常緊密的。

而有些人，甚至是某些明星，在表達時往往也會顯得詞彙貧乏，不僅表述內容分散，語言也無邏輯性，這就是缺乏創新的表現。

## 結合新穎性和適宜性

### ❶培養孩子的敏感力

敏感力指的是一個人對事物細緻入微的洞察力。比如在遇到問題時，能夠一下子抓住重點，發現缺漏，從而找到解決問題的著力點。

要培養孩子的敏感力，父母首先要改變習慣性的教育方式，有意識地打破常規。比如在帶孩子外出旅遊時，經常變換一下地點，每次到一個新地方就鼓勵孩子說說感想、感受等，看看孩子是否有什麼新發現，或者跟孩子一起討論一下這些新發現，交換彼此的想法。這樣一來，孩子在成長的過程中就會更容易接受新鮮事物。

其次，多鼓勵孩子深入地觀察周圍的事物，不要只看表面，可以觀察別人沒注意到的地方，並深入探究。

比如你可以帶孩子到平時經常去的地方，讓孩子觀察一下是否有以前沒注意到的細節，回家後鼓勵孩子把觀察到的東西記錄下來，然後提出各自的發現討論，讓孩子明白，每個人看事物都有自己獨特的視角，我們要盡可能地嘗試從不同角度看事物，豐富我們的認知和經驗。

同時，我們還要鼓勵孩子養成主動學習新知識的習慣。孩子天生具有好奇心，有天馬行空的想像力，喜歡問各種問題。

有些父母覺得孩子的問題很無聊，不願意回答，這就會打擊和破壞孩子的好奇心。我建議父母對孩子的問題多一些耐心，認真解答孩子的問題，保護孩子的好奇心，使孩子對學習新知識和探索新領域始終充滿熱情。

### ❷培養孩子的流暢力

流暢力是指在短時間內提出大量想法的能力。具有創造力的人，心智活動的特點是停滯少、流暢多，可以在較短的時間內表達出較多的觀點，也就是我們常說的思維敏捷、點子多。

著名心理學家喬伊．保羅．季弗德（Joy Paul Guilford）就把流暢力作爲創造力的一個重要測量標準，並經常採用單詞聯想的方法測量一個人的流暢力。

比如他會給人一些概念，要他寫出所有能想到的類似的說法，比如「你好棒」有多少種說法、說出你能想到的所有圓形的東西等。通常來說，流暢力訓練可以分三個部分：

．**觀念流暢力：**就某個主題和觀念想出不同事物的能力。例如，我們要求孩子迅速寫出屬於某種特殊類別的事物，如「半圓結構的物體」，答案包括拱形橋、降落傘、游泳帽等。

．**聯想流暢力：**能找出某個觀念或與特定資訊相關的想法。例如，我們要求孩子列舉某一詞的近義詞，如「承擔」，答案可能包括擔負、承受、承當等。

．**表達流暢力：**能用不同的表達方式組織自己的想法或觀點的能力。例如，我們讓孩子爲考試成績不理想找出原因，並具體說明；或者讓孩子就某個名詞列舉出它代表或象徵的所有可能的工作，如「燈泡」，答案可能有電氣工程師、燈泡製造工等。

在日常生活中，我們不妨運用以上方法與孩子進行互動，讓他們在輕鬆愉快的氛圍中迸發各種奇思妙想，提升他們的流暢力。

## ❸培養孩子的變通力

變通力是指能打破常規，變更自己的思維觀念和做事模式，以便不斷擴展自己的思維空間，從不同角度思考同一個問題，是一種舉一反三的能力。

凡是具有創造力的人，在思考問題時總能觸類旁通，因而也會產生許多超常的構想，提出不同凡響的新觀念。

季弗德曾提出一種「非常用途測驗」，來測量學生的變通力。比如要求學生在固定時間內指出「磚頭」的不同用途。

一般的學生可能會說出蓋房子、砌圍牆、蓋爐灶等功能，稍有創造力的學生可能會回答當板凳、打狗、磨鐮刀、寫字等，更富有創造力的學生則可能會說出當紙鎮、釘釘子等具有變通性的答案，這就是變通力的一種體現。

我們在生活中可以經常與孩子玩一些類似的遊戲，討論一些常見物體的不同用途，或者設計一些不同的困難情境，鼓勵孩子進行發散性思考，在潛移默化中鍛鍊孩子的變通力。

## ④培養孩子的精進力

精進力是指在原有基礎上加入一些新元素，以便豐富內容或增添趣味性，是一種心思縝密、凡事考慮周全的能力，以達到精益求精的目的。

很多創新的想法和行爲在剛出現時往往都是不合常規的，所以有創造力的人還必須具備一種堅守精神，能夠不斷嘗試、不斷完善，以便獲得更多人的認同。精進力強的孩子通常也具備這種遇到困難鍥而不捨的精神。

「用途測試」遊戲同樣適用培養精進力，我們可以讓孩子盡可能地列出某件物品的用途，剛開始回答很容易，越往後選項越少，越考驗孩子的耐心、毅力和想像力。

## ⑤培養孩子的想像力

想像力是人對大腦中已有記憶表象（印象）進行新的加工、改造、重組從而創造新形象的思維能力。也就是說，想像是在感知的基礎上改造舊形象、創造新形象的心理過程。

要培養孩子的想像力，父母要隨時隨地注意啓發孩子的發散性思維。比如看到天上的白雲時，就問孩子：「天上的白雲看起來像什麼？」或者想像一下生活中的某種場景，如：「如果小動物會開口說話，你打算跟牠們說什麼？」……通過這種發散性的思考訓練，提高孩子的想像力和處理問題的能力。

其次，鼓勵孩子把現實中從未結合在一起的形象、屬性、特性等在大腦中結合起來，以形成一些新的形象。

比如此刻孩子正坐在沙發上看電視，那如果電視長出了腳會怎樣？或者檯燈的燈泡，鑲在天花板上會怎樣？和孩子進行這種天馬行空的想像，把目光所及的各種事物強行「拼接」在一起，不但會增加趣味性，還能在孩子心中埋下一顆突破常規的創造力種子。

通過以上幾種培養創造力的方法可以看出，生活是最好的老師。通過豐富的生活經歷和體驗不但能增加孩子的學習興趣，開拓孩子的思維，還能激發孩子的好奇心和想像力，從而幫助孩子成爲一個思想正向、思維活躍且富有創造力的人。

## 同理心：建立良好的人際關係

關心、體諒他人的能力主要與同理心密切相關，它對孩子未來的人際關係、社會競爭力，甚至幸福感，都有著非常重要的影響。研究發現，缺乏同理心也是童自閉症的一個重要的診斷標準。

有些人將同理心理解爲同情，其實二者是略有區別的。同情多指兩個人情感、情緒上的共鳴，也就是所謂的感同身受；同理心是對對方心理狀態的理解，這其中不僅包括對方的情緒，還包括對方的思想、欲望和行動傾向，有時甚至包括對對方的擔心、期望、希望他們更加快樂等。

簡單來說，同理心就是將心比心，設身處地地對他人的情緒和情感產生認知性的覺知與理解，這是一種參與中（或者參與後）的理解。

從邏輯上來講，首先還是參與，在參與中形成經驗與感受，這些經驗與感受通過學習，一方面形成了我們的知識累積，另一方面則進入我們的情緒與心靈。

從這個邏輯意義上來講，同理心是一種帶有人類經驗與情感的參與理解，是對事物發生現象、規律的總結與反思，也是對事物發生價值與意義的判斷，這是原理性的思想。

這意味著，當我們從最初單純地認識世界、簡單地參與世界到一定階段後，一定會對這個世界的本質構成、運行規律、人在世界中的身份定位、人與世界應該具備何種關係等產生新的好奇。

這種好奇僅僅通過審美與創造是不能完整達成的，它需要一種新的能力，這種能力就是同理心。

由於同理的存在，我們會爲自己憑經驗認知的世界賦予某種確定性；爲我們的經驗到達不了但意識可以到達的不確定賦予某種邏輯；爲我們無論是經驗還是意識上都不能確定又特別想確定的未知賦予信仰。

於是科學、哲學、宗教便成爲人們同理這個世界的幾個關鍵領域，並且反過來又指導人們對世界更進一步的審美與參與。同時人類的社會生活與人性的彰顯，又爲我們添加了「倫理」思維以定義個體與這個世界共同的意義。

同理心對於孩子未來人際關係的建立、社會競爭力的提高以及幸福感的感知等，都具有至關重要的意義。如果觀察一下身邊的朋友，我們就會發現，那些有同理心的人（經常被說成「高情商的人」）更容易得到大家的喜愛與歡迎。

你剛剛買了一件價格不菲的衣服，高興地與兩個朋友分享。其中一個朋友看到後，說：「你這衣服買貴了！上次我看到一件一模一樣的，價錢是你這件的一半！」接著，這位朋友又對你的衣服吐槽一番，完全不顧你此時的感受。

另一位朋友則不同，她認真地欣賞你的衣服，並且表示這款衣服很適合你，說如果她看到這件衣服，肯定也會心動並想買下來。這時，你一下子感覺好多了，甚至可能還會主動承認自己買貴了，有點後悔。

很顯然，我們更願意與後一位朋友交往，原因就在於她更有同理心。這樣的人不但能很好地處理人際關係，還擁有爲他人創造慰藉和幸福感受的能力。

這種「被看見、被聽見、被理解，以及需求得到回應」的感覺，正是我們每個人在人際關係中所需要的。很顯然，同理心也是孩子面對未來的一種重要的競爭優勢。

其實同理心是每個人與生俱來的能力。如果我們觀察一下幾個月大的嬰兒，就會發現，當他們聽到其他嬰兒的哭聲時，自己也會跟著哭起來。到了兩歲後，孩子逐漸學會了區分自己和他人的想法、欲望和感受，所以在面對他人的不愉快時，他們不再只是跟著一起難過，而是想去了解別人的需要，希望更有效地幫助他們。

隨著語言、認知、抽象思維能力的發展，孩子的同理心也從原來以自我為中心的情緒感染，慢慢地轉變為站在他人的角度替他人著想，試圖理解他人的想法。此外，他們同理的範圍也不再只限於身邊的人和事，還會和故事中的角色，或是在其他地方遭受苦難的孩子產生同理。

比如當孩子吃冰淇淋時，爸爸看了他一眼，孩子可能就會停下來問：「爸爸，你也想吃嗎？」這就是同理心的表現。

別看這句話很簡單，它其實正是我們人類同理心發展的里程碑。迄今為止，還沒有哪種動物具有類似的表現，而人工智慧也不可能主動問出這樣的問題。同理心是人類獨一無二的本領，也是人類在二十一世紀不可或缺的一種能力。

大量的正向心理學研究也證明，同理心對我們的社會行為、利他傾向、人際關係的建設、感情的強化，以及整體的幸福感等，都有特別重要的意義和幫助。有人還說同理心是我們社會關係的基礎，是最重要的文明特徵。個別正向心理學家甚至認為，同理心會讓世界變得更美好。

# 如何培養孩子的同理心

## ❶引導孩子關注他人的感受

當孩子做錯事時，相信父母有各自的教育方法，比如訓斥、體罰，取消他原本的權益，像不准出去玩、不准看電視等，但心理學研究發現，最有效的教育方法是和孩子一起討論他所犯的錯誤，在討論中指出他的行為對別人造成的影響。

比如孩子在外面與小朋友打架，不少父母的第一反應是訓斥，但指責很容易讓孩子產生委屈甚至逆反心理。

恰當的做法是先安撫孩子的情緒等孩子的情緒恢復平靜後，仔細詢問孩子打架的原因，引導孩子關注對方的感受，如：「我知道你們都想要那個玩具，但你推倒了小明。小明摔了一跤，多痛啊！他受傷了，玩具也被你拿走了。如果是你，你會不會很傷心？」這種同理引導要比懲罰、威脅等更有效，可以讓孩子從內心產生為自己的行為負責的意識。

所以，從孩子很小的時候開始，我們就要經常用類似的方法引導孩子，讓孩子注意別人的感受和情緒，了解對方的需要，將心比心地站在對方的角度，爲對方著想。這樣做能讓孩子學會站在別人的角度思考問題。慢慢地，孩子不需要提醒就會自然而然地考慮他人的感受了。

## ❷在生活中激發孩子的分享與奉獻意識

比如當孩子在媒體上看到一些貧困地區的小朋友吃不好、住不好的新聞時，我們就可以引導孩子思考一下：「如果是你，每天天不亮就要起床，走一個小時的山路才能到學校；早飯吃不飽，午飯也吃得很少，你會難過嗎？」「如果他們可以像你一樣，買很多零食、玩具，他們會不會很開心？」「如果大家都去幫助他們，他們是不是就不會這樣難過了？」用這樣的方式一步步鼓勵孩子換位思考，激發他們的共情意識，也可以培養他們的同理心。

## ❸保護孩子的好奇心

孩子總是對世界充滿好奇和疑問，保護好這顆好奇心，非常有助於修煉他們的同理心。

研究表明，很多同理心強的人對陌生事物的好奇心也很強。當孩子對他人抱有好奇心時，不僅會去了解他人的行爲習慣，還會嘗試了解別人的思考方式。

心理學家發現，如果父母多鼓勵孩子參加一些團體遊戲，如與其他人互動、過家家等，非常有助於培養孩子的同理心。因爲在團隊活動中，無論是正面的體驗，還是負面的體驗，都能讓孩子知道人在這樣的場景下會有什麼行爲表現，進而學會理解別人的情感、欲望和行動傾向。

## ❹ 和孩子一起欣賞文學和藝術作品

心理學家研究發現，經常閱讀文學作品，或者欣賞藝術作品，如音樂、舞蹈、美術等，可以提升人的同理心。因爲文學藝術作品的意境是需要我們用心理解和體會的。

欣賞文學與藝術作品與欣賞大自然一樣，都需要慧眼禪心，就像我們在欣賞一朵花時，第一眼先看到這朵花是多麼嬌豔可人、亭亭玉立，然後聞到絲絲花香，最後聞到若有似無的泥土芬芳，才會感嘆這朵花從一顆小種子到綻放，經歷了怎樣的一個過程。經常與孩子一起體會這種生命從萌芽到綻放的過程，同樣也是培養和發展孩子慧眼禪心的過程。

另外，電影、電視的影響也不容小覷，父母可以爲孩子挑選一些適當的電視節目，讓孩子在娛樂放鬆的同時，學會理解他人，感受他人的情緒變化等。

總之，孩子在成長過程中需要同理心，需要學會同理，這樣他們才能擁有感知他人、感知世界的能力。未來走向社會後，他們也更懂得與人相處的分寸和進退的度，能與周圍的人和睦、舒服地相處，會把人際關係處理得十分妥當，也能從中體會到更多的成就感和幸福感。

## 親子遊戲·「王者」遊戲

1. 欣賞多樣的美

提前與孩子一起制訂一個以「美」為主題的活動計畫。選擇一個週末，和孩子一起到郊外踏青，或者參加一些有意義的活動等，其間拍攝一些照片，並盡量讓照片涵蓋不同類型和範圍的「美」的事物，如大自然的景色、活動中的情景等。

回到家後，和孩子一起欣賞這些照片，並讓孩子介紹一下，為什麼你欣賞這張照片、你感覺它美在哪裡等，引導孩子尋找生活中更多的快樂和意義。

2. 我是小記者

家長讓孩子採訪一下家人，問問他們的夢想是什麼，他們為什麼會產生這樣的夢想等，然後把家人的夢想記在紙上。

家長請孩子站在臺前，講一講他的採訪情況，比如每個人的夢想都是什麼、為什麼會有這樣的夢想、你對他們的夢想有什麼想法等，鼓勵和引導孩子思考夢想的意義。

讓孩子談談自己的夢想，並引導他說一說自己為什麼會有這樣的夢想，他打算怎樣實現夢想，如果這個夢想實現了，對他來說意味著什麼等。

3. 我知道你的感受

家長與孩子面對面站立，家長為孩子用雙手展示一個「人」字形狀。

接下來，換孩子用雙手展示，而孩子開始只會站在自己的角度看，展示出來的可能是「入」字。這時家長提示一下孩子，告訴孩子，你要的是「人」字，而不是「入」字。

鼓勵孩子思考一下，如果站在家長的位置，想看到「人」字，孩子該怎樣展示。以此讓孩子明白，每個人所站的角度不同，看到、聽到或對同一件事的想法都有所不同，從而讓孩子學會以對方的角度考慮問題。

#【後記】正向教養成就「王者」品格

經過幾個月的努力，這本書的書稿終於完成了。其實從接觸正向心理學以來，我心裡就一直有個想法：希望能借助正向心理學的知識，對家庭教育提出一些科學的建議。

心理學家並不是教育專家，甚至在教育改革、實踐方面還可能是個門外漢，但門外漢有時也可能對中國教育的發展、實踐和創新提出一些新的觀點，或者能從不同的角度給教育專家、教育界領導與從事教育工作的老師、家長一些啓發與建議。

在本書中，我多次提到，孩子必須具備與他人交往、交流和交換的能力，這樣才能更好地適應社會，同時也能推動社會不斷地向前發展。

如何才能與他人正常、正向地交往呢？其實沒有什麼祕訣，就是保持正向、陽光、美好、善良的心態。

孟德斯鳩認爲，商業世界的遊戲規則不是鬥野蠻、拼產品，也不是我們現在說的博弈、競爭、計較、吝嗇。他認爲，商業成功的祕訣只有一條——「討人喜歡，讓人快樂」。

在充滿快樂的地方，商業就發達；在商業發達的地方，能經常遇到快樂的人。這是他的名言，也是我們從大資料的研究中得出的基本規律——「無論他人要舉出多少案例來說明成功的技巧，最重要的仍然是擁有正向開放的心態、友好的關係以及合作共贏的方式」。而要實現這個目的，就必須運用正向心理學的知識。

## 對心理學核心研究的忽略

首先，十九世紀後半葉，西方幾乎完全從中世紀漫長的、被神性籠罩一切的陰雲中走了出來。這主要得益於啓蒙運動、地理大發現、工業革命與文藝復興等。

這些大事件之後，人類迅速進入科學時代與工業時代，進而又走進資訊化時代與智慧化時代。

開放替代了封閉，理性打破了迷信，繁榮取代了落後，整個地球越來越聯結爲一個整體，而地球上的每個國家、每個人都不知不覺地成爲一個全球網路中的節點。

此時，人類一方面對科學、人文、演化與發展的狂歡；另一方面，人類又不得不在社會演化中面臨更多的不確定性與未知。在這一過程中，人類天性中的趨利避害機制極大地亢奮起來。

其次，如果說一、兩百年前的國家政權與政治版圖一直在不斷變遷，那麼現在從整體上來說，國家的疆域與政治屬性都明顯穩定了許多，對於大國來說更是如此。穩定的局面，也讓人類有機會進行現代化意義上的整體性大規模協作與交流。在這種交流中產生的矛盾與衝突、合作與協同，也必然成爲人類共同的挑戰與機遇。

現代化的國家與現代化的生活中充斥著新的政治、新的經濟、新的文化、新的風俗，這些都極大地豐富了人類的知識與經驗，同時也極大地衝擊著人們的認知與行爲選擇。

好的一面是，人類正越來越適應這種狀態，並自我感覺遊刃有餘；壞的一面是，人類在這種「自以爲是的遊刃有餘」中迷失了對自然的敬畏之心。其結果就是，個體生活品質的確得到了提高，但整個人類的生存環境越來越惡劣。在這種矛盾中，人們的趨利避害機制再一次經受巨大的考驗。

大時代變化造就的歷史落差，文明與文化的矛盾衝突融合下的不確定性，戰爭與瘟疫的肆虐與破壞，人類生活的根本性改變等，都是過去這一百多年間人類所經歷的巨大變動。

在這些大變動中，人類從軸心時代開始沿襲了兩千多年的「小國寡民」的生存心理遭遇了徹底顛覆。在這種心理顛覆與再造中，在這種生活撕裂與再造中，沒有人能夠置身事外，或多或少受到影響。

這就是過去一兩百年間整個人類的現實。雖然對於某些個體來說，可能並沒有因此而感受到太多的心理困擾，但從整個人類社會的發展來看，這段時間卻是人類誕生以來從未經歷過的生活大變革、大矛盾、大衝突、大融合、大再造的歷史。

在這個歷史背景的「慢板」中，也隱藏著人類無所不在的恐懼、焦慮、困擾、紛亂、無助，這些都是人類的心理創傷。

於是，與時代相呼應，大多數心理學家都將主要精力投到了「治療人的精神或心理疾病」上，即致力於治療和消除人們消極、負面的心理問題與心理侵害。

事實上，心理學家在這方面也的確取得了不小的成就，就像塞利格曼在其著作《眞實的快樂》一書中提到的那樣：

過去五十年，心理學只關心一件事——心理疾病，而且做得還不錯。因爲我們可以測量憂鬱症、精神分裂症、酗酒等過去認爲很模糊的問題，並能夠做出相當精准的描繪。

目前，我們已經知道這些問題是怎麼發展出來的，包括它們的遺傳因子、生物化學性以及心理成因。最重要的是，我們知道該怎麼治療這些疾病。根據統計，在幾十種心理疾病中，已經有十四種可能用藥物及心理治療方法進行有效醫治（有兩種是可以痊癒的）。

的確，心理學家與心理學爲修復過去一、兩百年間各種變動帶給人類的心理創傷做出了巨大貢獻，但這種貢獻的代價卻很高。其最大的代價就是導致大量心理學家忽略了對美好生活與造就精英這兩個歷史使命的投入，而被心理學家引領的心理學也成爲一個被人們極大地「正確誤解」的學科。

事實上，人不僅要改正自己的錯誤或缺點，還要找出自己生存的優勢與意義。讓人激動的成就、全情的投入、正向的人際關係、不斷超越的生命體驗、澎湃的生命活力與堅忍不拔的挑戰精神等，也是人類心理生活中極爲重要的內容。

這些讓我們產生力量、產生動力、產生自我實現與對美好生活的無限嚮往與努力的偉大追求，就是正向心態。

## 正向心態離不開正向教養

要擁有正向心態，就離不開正向教養。正向教養的核心特徵是以實證主義的哲學爲基礎，與正向心理學的理論及實驗結論相結合，進而形成一套系統的教育實踐方法。

正向教養也極大地幫助教育工作者、心理學家有針對性地對各種教學課程進行反思、調整與提升。

如塞利格曼所言：「我們傳統的做法（心理治療）如同在懸崖下放置急救車，挽救那些掉落山坡的人，但是正向教養所做的事情是在山上放置護欄，防止人們從山上掉下去。」正向教養通過增強孩子正向、正向、陽光的心理能量，來預防各種心理疾病的發生，並促使心理疾病自然療癒。

同時，正向教養的實踐及研究結果還證明，正向教養可以提高孩子的幸福感，增強孩子的韌性、堅韌力、感恩等能力，並在一定程度上促進孩子學習成績的提升。

且正向教養也可以在家庭中進行，父母通過掌握一定的正向心理學知識，運用正向教養的方式應對孩子在成長過程中出現的各種問題，可以有效地激發孩子的自我效能感，發揮孩子的天賦優勢，培養孩子的正向情緒、自控能力、專注力、創造力以及善良的品行等，從而幫助孩子形成正向、樂觀、自信的品格，正確地面對生活和學習中出現的各種各樣的挫折與困難。

最後，祝願每一個孩子都能健康、正向、樂觀地成長，成爲社會上眞正具有競爭優勢的「王者」，以陽光的心態迎接美好的未來和幸福的人生。

我們也永遠相信，現在就是最好的時代，比以往任何一個時代都好。未來一定是更好的時代，需要我們每一個人正向地感受、設計和創造。

我們的孩子，是今天的孩子，也是未來的主人，更是開創更美好、更豐盛、更幸福的時代的建設者。人類就是在這樣的邏輯中代代相繼，薪火相傳。

國家圖書館出版品預行編目資料

品格優勢：成就孩子「王者之力」，從容應對未來的競爭與機遇／彭凱平作. -- 初版. -- 臺北市：如何出版社有限公司，2022.09
368面；14.8×20.8公分. --（Happy family）
ISBN 978-986-136-633-3（平裝）

1. CST：子女教育 2.CST：親職教育

528.2 111011547

Eurasian Publishing Group
圓神出版事業機構
如何出版社 Solutions Publishing

www.booklife.com.tw reader@mail.eurasian.com.tw

Happy Family 088

# 品格優勢：成就孩子「王者之力」，從容應對未來的競爭與機遇

作　　者／彭凱平、閆偉
發 行 人／簡志忠
出 版 者／圓神出版社有限公司
地　　址／臺北市南京東路四段50號6樓之1
電　　話／（02）2579-6600・2579-8800・2570-3939
傳　　真／（02）2579-0338・2577-3220・2570-3636
總 編 輯／陳秋月
副總編輯／賴良珠
責任編輯／丁予涵
校　　對／丁予涵・林雅萩
美術編輯／金益健
行銷企畫／陳禹伶・王莉莉
印務統籌／劉鳳剛・高榮祥
監　　印／高榮祥
排　　版／陳采淇
經 銷 商／叩應股份有限公司
郵撥帳號／18707239
法律顧問／圓神出版事業機構法律顧問　蕭雄淋律師
印　　刷／祥峯印刷廠
2022年9月 初版



定價 380 元　　ISBN 978-986-136-633-3